スタートダッシュ
中国語

氷野　善寛
伊藤　大輔
工藤　真理子
李　　軼倫

朝日出版社

音声ダウンロード

 音声再生アプリ「リスニング・トレーナー」（無料）

朝日出版社開発のアプリ、「リスニング・トレーナー（リストレ）」を使えば、教科書の音声をスマホ、タブレットに簡単にダウンロードできます。どうぞご活用ください。

まずは「リストレ」アプリをダウンロード

▶ App Store はこちら ▶ Google Play はこちら

アプリ【リスニング・トレーナー】の使い方

❶ アプリを開き、「コンテンツを追加」をタップ
❷ QRコードをカメラで読み込む

❸ QRコードが読み取れない場合は、画面上部に 45316 を入力し「Done」をタップします

QRコードは㈱デンソーウェーブの登録商標です

Webストリーミング音声

http://text.asahipress.com/free/ch/startdash

◆本テキストの音声は、上記のアプリ、ストリーミングでのご提供となります。
　本テキストにCD・MP3は付きません。

はじめに

　私が初めて中国に行ったのは 1996 年の秋、高校 2 年生の時でした。当時の中国は経済発展の真っ只中で、街なかは熱気に満ち溢れていました。街中に響きわたる工事の音、車のクラクションや自転車のベルの音、にぎやかな人々の声、実に様々な音が雑然と入り乱れていました。そういった音が異国の地に来たんだということを実感させてくれました。中国語を勉強しているんだと実感した最初でした。

　当時は中国に行かないと、生の中国語を聞くチャンスはほとんどなく、中国で聞いた中国語がとても新鮮に、聞こえたのをいまでもはっきり覚えています。とは言っても、ほとんど聞き取れませんでしたが…中国語を勉強して「中国に行くぞ！」「通じるかな？」「よし値切ってみよう！」といった希望や不安や実践が学習のモチベーションになりました。

　今では、日本には多くの中国人観光客や留学生がきて、中国語を聞かない日がないのではないかというぐらい街なかに中国語が溢れています。教科書の世界でも「日本で使う中国語」「おもてなしの中国語」といったことが一つのテーマとして扱われるようになり、そういったジャンルの教科書も多くでています。

　そんな時代だからこそ、この教科書を作った我々としては、中国語の学習を通じて、中国人や中国についてもっと理解し、さらに実際に中国に観光や短期留学に行って欲しいという思いで、敢えて中国を舞台にした本文を持つ、本書を編みました。

2018 年 9 月
著者代表

目次

中国語の基礎知識　8

発　音	**0.** ピンイン　　**1.** 声調　　**2.** 軽声　　**3.** 2つの音の組み合わせ **4.** 母音　　　**5.** 子音　　**6.** 複母音 **7.** 鼻母音　　**8.** ル化　　**9.** 変調 発展練習1 発展練習2 発音総合練習 すぐ使える表現 教室用語	10
Lesson 1	**空港で挨拶** ●わたしは〜です	28
Lesson 2	**バスで荷物をピックアップ** ●これは〜です	32
Lesson 3	**留学手続き後に書店を探す** ●〜をします	36
Lesson 4	**キャンパスで建物の位置を確認** ●〜はどこですか	40
Lesson 5	**カフェで家族の話** ●〜がいます	44
Lesson 6	**服を買う** ●〜が欲しい	48
Lesson 7	**電話で友達と約束** ●〜がしたい	52
Lesson 8	**放課後に待ち合わせ** ●〜で…しよう	56

Lesson 9	レストランで料理の話 ●〜が好き	60
Lesson 10	北京の気候の話 ●〜は…より	64
Lesson 11	趣味を話す ●〜するのが好き	68
Lesson 12	北京駅への行き方 ●〜にはどう行けば良いですか	72
Lesson 13	自分の経験 ●〜したことありますか	76
Lesson 14	誕生日を過ごす ●本当に楽しい	80

文法まとめ　84

続けて勉強する人に覚えてもらいたい文法項目　87

世界地図を見てみよう　89

日本地図を見てみよう　90

中国地図を見てみよう　91

いろいろな単語　92

単語索引［中国語］　94

単語索引［日本語］　101

本書の使い方

はじめの2ページ

1 場面イラスト

本文の一コマを切り取ったイラストです。イラストの中のQRコードを探して、スマホをかざしてみてください。各課のサポートページにアクセスすることができます。

2 本文

中国の北京を舞台にした教科書の本文です。鈴木さんと中国人張明さんの会話からできています。本文を暗唱できるぐらいまでしっかり読み込みましょう。

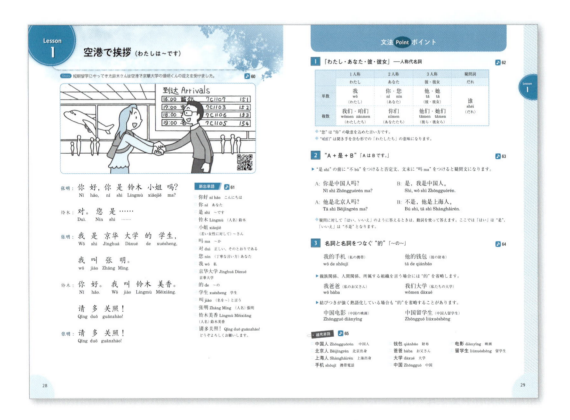

3 新出単語

本文に出てきた新しい単語の一覧です。ここに出てくる単語はしっかり覚えましょう。

4 文法ポイント

この課で学ぶ文法ポイントについて解説しています。各課3つに厳選した文法ポイントをしっかりマスターしましょう。全ての例文は対話形式になっており、自然な会話の中でどのように使われるか学びます。また文法ポイントで初めて出てきた単語は「補充単語」で確認しましょう。

次の2ページ

1 文法練習

　各課のテーマに則した拡張単語の確認、ピンインから簡体字への書き換え、単語の並べ替え、日中翻訳と段階的かつ多様な問題を解くことで、文法ポイントで学んだことが理解できているか確認します。

2 リスニング練習

　文法ポイントと文法練習で学習した内容を中心にリスニング学習を行います。

[問題1] 文法練習で覚えた中国語のリスニングにチャレンジします。
[問題2] 文法ポイントで学んだ内容をベースとしたリスニングにチャレンジします。
[問題3] 本文の内容に関するリスニングにチャレンジします。
[問題4] 聞き取った内容についてイラストを見て答えます。

中国語の基礎知識

●「中国語」とは

　日本で一般に「中国語」と呼ばれているものは、中国で全人口の9割以上を占める漢族の言葉を指しますが、多民族国家である中国では他にもたくさんの言葉が用いられています。そのことに配慮し、中国では「中国語」という言い方をせず"汉语 Hànyǔ"（漢語）と言います。なお、中国大陸以外の地域では、"汉语"の代わりに"华语 Huáyǔ"と呼ばれることもあります。

　"汉语"には北京方言、上海方言、広東方言など数多くの方言があり、ときに互いにまったく通じないほど異なっています。本教材でこれ以降「中国語」と呼ぶものは、中国政府が公用語として制定した全国共通語である"普通话 pǔtōnghuà"を指すことにします。

　この"普通话"は上に挙げたどの方言とも異なりますが、地域や民族を問わず中国大陸に広く普及しています。また、香港、マカオ、台湾、シンガポール、そして世界各地の華僑・華人のコミュニティで用いられている言葉も、ここで言う中国語と基本的には同じものです。本教材で中国語を身につけておけば、以上のどのエリアの人とも意思疎通を図ることができるわけです。

●公用語として中国語が使われる場所
○チャイナタウンがあるところ

●中国語の文字

　中国語の表記には漢字が用いられます。周知のとおり、漢字は中国で生まれ、数千年の歴史を持っています。その間、中国だけでなく日本も含めたアジア東部地域で長く用いられてきました。

　現在中国語の表記に用いられている漢字は、数千年にわたって用いられてきたものとは形が一部異なっています。中国では、1950年代に漢字の簡略化に関する一連の法令が出され、従来の漢字より総じて形が簡略化された"简体字 jiǎntǐzì"（簡体字）が正式の文字として採用されました。これは現在シンガポールでも採用されています。一方、その当時中国大陸と異なる政治体制下にあった香港、マカオおよび台湾では、現在でも従来のままの形の漢字が用いられており、それらは簡体字と対比して"繁体字 fántǐzì"（繁体字）と呼ばれています。なお、日本では1946年に当用漢字

(のちの常用漢字)の使用に関する法令が出され、やはり漢字の形が一部簡略化されましたが、中国の簡体字とは異なる基準に基づいています。以上の経緯により、現在世界で用いられている漢字には、簡体字、繁体字および日本で用いられている漢字、という3種類が存在します。

　具体的に見てみましょう。3種類を並べてみると、すべてが共通している字もあれば、1種類だけ他と違うという字もあり、また3種類すべてが互いに異なっている字もあることがわかります。異なる場合も、少しだけ異なるケースから大きく異なるケースまでさまざまです。また、中国語にあって日本語にない字もあれば、その逆もあります。

簡体字			繁体字			日本の漢字		
中国大陸・シンガポール			台湾・香港			日本		
中	文	人	中	文	人	中	文	人
国	却	体	國	郤	體	国	却	体
书	种	车	書	種	車	書	種	車
步	包	黑	步	包	黑	歩	包	黒
边	气	写	邊	氣	寫	辺	気	写
她	它	哪	她	它	哪	なし		
妈	脸	么	媽	臉	麼	なし		
なし			なし			辻	嶋	峠

　ところで、中国語の音は日本語とまったく違います。しかし、漢字はそれを見ただけでそれがどのような音で読まれるか分かるようにはできていません。中国語を知らなければ、漢字をいくら見つめてもそれらが中国語ではどのような音で読まれるのか知る方法はありません。これは中国語を学ぼうとする外国人にとって大きなハンディですが、考えてみればそれは中国の子どもたちにとっても同じです。漢字の音を学んだり整理したりするためには、日本語に平仮名や片仮名があるのと同様に、中国語にも純粋に音だけを表す文字が不可欠です。

　そのために中国で制定されたのが"拼音 pīnyīn"(ピンイン)です。ローマ字にいくつか記号を加えて作られた独自の体系です。中国語の辞典はこのピンイン順に配列されていますし、パソコンやスマートフォンで中国語を入力する際にもこのピンインを使用します。中国語を一から学ぶ場合に避けて通れないもので、本教材でもそれを学んでもらうことになります。

　例として、「私は中国料理が好きです」という意味の中国語を、左から簡体字、繁体字、ピンインの順に表記して並べてみます。

　　我喜欢吃中国菜。　我喜歡吃中國菜。　　Wǒ xǐhuan chī Zhōngguócài.

発音

0. ピンイン

中国語の文字は漢字ですが、この漢字の音を"拼音 pīnyīn"（ピンイン）というローマ字で表します。

1. 声調

中国語の音には声調と呼ばれる高低や上げ下げの調子があり、四種類があることから"四声"と呼ばれます。調子の違いにより、第1声、第2声、第3声、第4声という名前がついています。ピンインでは、母音の上に第1声"ˉ"、第2声"ˊ"、第3声"ˇ"、第4声"ˋ"という声調符号をつけて区別します。

♪01

声調符号	第1声	第2声	第3声	第4声
	ˉ	ˊ	ˇ	ˋ
例	ā	á	ǎ	à
特徴	高く平らに	一気に上げる	低く抑える	一気に下げる

◆ i に声調符号をつけるときは、ī í ǐ ì のように表記します。
◆ 声調が異なると意味も異なります。
　　妈 mā（お母さん）、麻 má（麻）、马 mǎ（馬）、骂 mà（ののしる）
◆ 第3声は「低く抑える」音ですが、単独や文末の第3声はあがることがあります。

[読んでみよう] 読んでから音を聞いてみよう　♪02
　① ā à ǎ á　　② á à ǎ ā

[比べてみよう] 2つのうち発音されたピンインを選んでみよう　♪03
　① à・á　　② ǎ・ā　　③ á・ǎ

[書いてみよう] 音を聞いて声調符号を母音 a の上に書いてみよう　♪04
　① ma　　② da　　③ ga　　④ sa

10

2. 軽声

四声のほかに軽声という軽く短く発音する音があります。軽声には決まった音の高さはなく、前の音節の高さによって変わります。

♪05

	第１声＋軽声	第２声＋軽声	第３声＋軽声	第４声＋軽声
	mama	máma	mǎma	màma

| 比べてみよう | ２つのうち発音されたピンインを選んでみよう ♪06 |

① māma・máma　　② mǎma・màma　　③ mǎma・māma

| 書いてみよう | 音を聞いて声調符号を書いてみよう ♪07 |

① mama（お母さん）　　② yeye（おじいさん）　　③ baba（お父さん）

3. ２つの音の組み合わせ

中国語の単語の多くは２音節からなります。各声調が連続したときの感覚を掴みましょう。

♪08

	第１声	第２声	第３声	第４声	軽声
第１声	māmā	māmá	māmǎ	māmà	māma
第２声	mámā	mámá	mámǎ	mámà	máma
第３声※1	mǎmā	mǎmá	mǎmǎ※2	mǎmà	mǎma
第４声	màmā	màmá	màmǎ	màmà	màma

◆1 第３声の後ろに音節が続く時は、３声は低く抑えたまま、次の音節につなげます。
◆2 第３声が連続する時は前の３声を２声に読みます。

| 比べてみよう | ２つのうち発音されたピンインを選んでみよう ♪09 |

① māmā・māmà　　② mámā・mámá　　③ mǎmá・mámǎ

| 聞いてみよう | 音を聞いて声調符号を書いてみよう ♪10 |

① mama　　② mama　　③ mama

4. 母音

単母音

6個の単母音があります。日本語で言えば「あ、い、う、え、お」と同じ役割を持つ大事な基本となる音です。口の開き方に注意して発音してみましょう。

♪11

a	o	e
口を大きく開けて「アー」	唇を丸くし「オー」	日本語の「エ」の口で「オー」
i (yi)	u (wu)	ü (yu)
口を左右に引き「イー」	唇を丸めて突き出し「ウー」	唇を丸めて突き出し「イー」

◆ i u ü は前に子音がない場合は yi wu yu と表記します。

[読んでみよう] 音を聞いて発音してみよう ♪12

① á　　② ò　　③ è　　④ yī　　⑤ wǔ　　⑥ yǔ

[比べてみよう] 2つのうち発音されたピンインを選んでみよう ♪13

① a・o　　② yu・yi　　③ wu・e　　④ o・e

そり舌音

6個の単母音以外に、子音がつかず、単独で音節となる「そり舌母音」があります。

er …舌先をすばやくそり上げながら「アー」

[読んでみよう] 音を聞いて発音してみよう ♪14

① ér 儿　　② ěr 耳　　③ èr 二

> 発音編で練習するピンインにはそれぞれに対応する漢字があります。その音で表すことができる代表的な漢字も眺めましょう。

12

5. 子音

21個の子音があります。子音だけでは発音できないので、（　）内の母音をつけて発音してみましょう。

♪15

	無気音	有気音		
唇音	b(a)	p(a)	m(a)	f(a)
舌尖音	d(a)	t(a)	n(a)	l(a)
舌根音	g(a)	k(a)	h(a)	
舌面音	j(i)	q(i)	x(i)	
そり舌音	zh(i)	ch(i)	sh(i)	r(i)
舌歯音	z(i)	c(i)	s(i)	

◆ 子音 j q x の後ろに ü がつく場合、ü の上の点を取って ju qu xu のように書きます。

発音のポイント

❶ 無気音と有気音

息を抑え気味に出す「無気音」と息を強く出す「有気音」があります。

無気音	有気音
bà	pà

♪16

「はとぽっぽ」といった最後の「ぽ」が有気音のイメージです。

◆ 有気音と無気音の違いは日本語の「タ」と「ダ」のような清音と濁音の違いではなく、息が強く出るか、出ないかの違いです。

[読んでみよう] 音を聞いて発音してみよう　♪17

① bā　② pā　③ jī　④ qī　⑤ zhū　⑥ chū

[比べてみよう] 音声が流れた順番に番号をつけてみよう　♪18

bà	pà	jī	qī	zhū	chū
爸	怕	鸡	七	猪	出
(　)	(　)	(　)	(　)	(　)	(　)

13

❷ そり舌音

舌先を上の歯ぐきより少し奥の所に当てて発音する音、前から見ると舌がそり上がったように見えるので「そり舌音」と言います。sh、r はその状態から少し離します。

| 読んでみよう | 音声を聞いて発音してみよう　♪19 |

① zhī　　② chī　　③ shī　　④ rī

◆ zhi chi shi ri の i は単母音の i とは少し音色が異なることに注意しましょう。

| 比べてみよう | 音声が流れた順番に番号をつけてみよう　♪20 |

zhǐ	chī	shī	rì
纸	吃	诗	日
(　)	(　)	(　)	(　)

❸ i の音

ピンインの i は「母音」のページで勉強した基本的な i の音と異なる２つの音があります。

▶基本的な i の音

| 読んでみよう | 音声を聞いて発音しよう　♪21 |

① jī　　② qī　　③ xī

▶こもった i の音

| 読んでみよう | 音声を聞いて発音しよう　♪22 |

① zhī　　② chī　　③ shī　　④ rī

◆ この i は単母音の i とは異なり、舌先を歯ぐきより少し奥の所に当て、zhi は「ヂ」、chi は「チ」、shi は「シ」、ri は「リ」と発音します。

▶「ウ」に近い i

| 読んでみよう | 音声を聞いて発音しよう　♪23 |

① zī　　② cī　　③ sī

◆ この i は舌先を歯に押し当て、zi は「ヅ」、ci は「ツ」、si は「ス」のように発音します。

| 聞いてみよう | 音声を聞いて子音を書き入れてみよう 24 |

 笔（ペン） ___ǐ	 爬（登る） ___á	 马（馬） ___ǎ	 福（福） ___ú
 大（大きい） ___à	 塔（塔） ___ǎ	 拿（持つ） ___á	 辣（辛い） ___à
 歌（歌） ___ē	 卡（カード） ___ǎ	 喝（飲む） ___ē	
 鸡（ニワトリ） ___ī	 骑（乗る） ___í	 嘘（シーッ） ___ū	
 猪（ブタ） ___ū	 吃（食べる） ___ī	 诗（詩） ___ī	 热（暑い） ___è
 字（字） ___ì	 醋（酢） ___ù	 寺（寺） ___ì	

6. 複母音

　二つ、あるいは三つの母音をつなげて読みます。組み合わせには決まりがあり、全部で13種類の組み合わせがあります。

二重母音

前の母音を強く読むタイプ　♪ 25

ai	ei	ao	ou

◆ 複母音の中の e は「エ」のように発音します。

読んでみよう　声調を変えて発音してみよう　♪ 26

① ái　② ěi　③ ào　④ ōu
⑤ ǎi　⑥ èi　⑦ áo　⑧ òu

> 漢字の意味が気になる場合は巻末の索引（p.94）でピンインから調べてみよう。

読んでみよう　子音をつけて発音してみよう　♪ 27

① bǎi 百　② méi 没　③ kǎo 考　④ zhōu 粥
⑤ cài 菜　⑥ shéi 谁　⑦ hǎo 好　⑧ zǒu 走

後ろの母音を強く読むタイプ　♪ 28

ia	ie	ua	uo	üe
(ya)	(ye)	(wa)	(wo)	(yue)

◆ 前に子音がない場合は（　）内の表記になります。

読んでみよう　声調を変えて発音してみよう　♪ 29

① yà　② yě　③ wá　④ wǒ　⑤ yuè
⑥ yā　⑦ yé　⑧ wǎ　⑨ wó　⑩ yué

読んでみよう　子音をつけて発音してみよう　♪ 30

① jiā 家　② xiě 写　③ huà 画　④ duō 多　⑤ què 却
⑥ xià 下　⑦ bié 别　⑧ zhuā 抓　⑨ shuō 说　⑩ xué 学

16

三重母音 🎵 31

iao	iou	uai	uei
(yao)	(you)	(wai)	(wei)

◆ 前に子音がない場合は（ ）内の表記になります。
◆ iou と uei は前に子音が付く場合は iu ui のように表記します。

[読んでみよう] 声調を変えて発音してみよう 🎵 32

① yào ② yǒu ③ wǎi ④ wéi
⑤ yáo ⑥ yòu ⑦ wái ⑧ wēi

[読んでみよう] 子音をつけて発音してみよう 🎵 33

① piào 票 ② niú 牛 ③ shuài 帅 ④ duì 对
⑤ xiǎo 小 ⑥ liù 六 ⑦ kuài 快 ⑧ guì 贵

[聞いてみよう] 一音節の音声を聞いて母音を書き入れてみよう 🎵 34

> 声調記号の付け方のルールは、次のページを見てみよう。

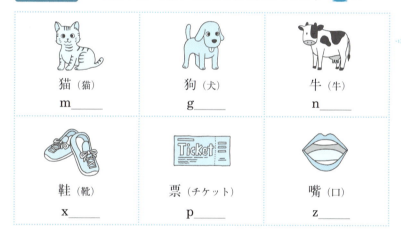

猫（猫） m____　狗（犬） g____　牛（牛） n____
鞋（靴） x____　票（チケット） p____　嘴（口） z____

[聞いてみよう] 二音節の音声を聞いて母音を書き入れてみよう 🎵 35

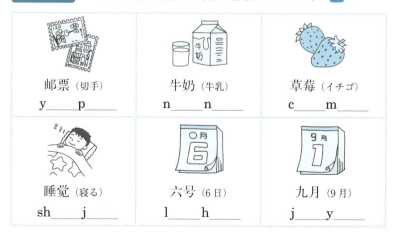

邮票（切手） y____ p____　牛奶（牛乳） n____ n____　草莓（イチゴ） c____ m____
睡觉（寝る） sh____ j____　六号（6日） l____ h____　九月（9月） j____ y____

17

> **ピンインルール** ──声調符号の付け方
>
> 1) 母音が1つの時は母音の上につける
> 2) 母音が複数ある時は、
>   ① a があれば a の上につける
>   ② a がなければ o か e につける
>   ③ iu, ui の組み合わせは後ろにつける
>
> ◆ i の上に声調符号をつける時は点を取って　ī í ǐ ì

7. 鼻母音

中国語の鼻母音には "-n" と "-ng" の2つがあり、全部で16種類の組み合わせがあります。

発音のポイント

▶ "-n" は舌先を上の歯の裏につけて、口から息が出ないようにして、鼻のほうに息を抜きます。日本語の「あんない」の「ん」。

♪ 36

an	ian	uan	üan	en	in	uen	ün
	(yan)	(wan)	(yuan)		(yin)	(wen)	(yun)

◆ uen の前に子音が付く場合は un のように書きます。

▶ "-ng" は奥舌を上に盛り上げて、口への息の流れを止めて「ん」と発音します。日本語の「あんがい」の「ん」。

♪ 37

ang	iang	uang	eng	ing	ueng	ong	iong
	(yang)	(wang)		(ying)	(weng)		(yong)

◆ ueng は前につく子音がありません。

| 読んでみよう | 声調を変えて発音してみよう ♪38 |

① ǎn　② ēn　③ yàn　④ yīn　⑤ wàn　⑥ wén　⑦ yūn　⑧ yuán
⑨ ǎng　⑩ éng　⑪ yàng　⑫ yīng　⑬ wàng　⑭ wēng　⑮ yōng

| 読んでみよう | 子音をつけて発音してみよう ♪39 |

① cān 餐　② rén 人　③ tián 甜　④ qīn 亲　⑤ zhuān 专
⑥ kùn 困　⑦ xuǎn 选　⑧ chàng 唱　⑨ téng 疼　⑩ liǎng 两
⑪ dìng 订　⑫ sòng 送　⑬ guǎng 广　⑭ xióng 熊

| 比べてみよう | 2つのうち発音されたピンインを選んでみよう ♪40 |

① an・ang　② gong・geng　③ jian・juan
④ yin・ying　⑤ yan・yang　⑥ reng・ren

| 聞いてみよう | 一音節の音声を聞いて鼻母音を書き入れてみよう ♪41 |

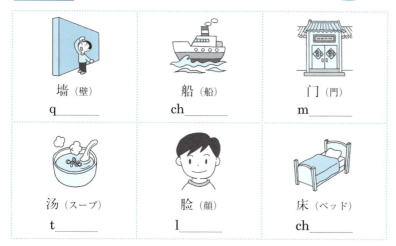

墙（壁）　　船（船）　　门（門）
q____　　ch____　　m____

汤（スープ）　脸（顔）　　床（ベッド）
t____　　l____　　ch____

| 聞いてみよう | 二音節の音声を聞いて鼻母音を書き入れてみよう ♪42 |

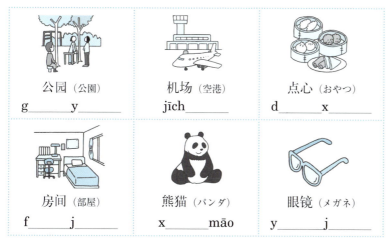

公园（公園）　机场（空港）　点心（おやつ）
g____ y____　jīch____　　d____ x____

房间（部屋）　熊猫（パンダ）　眼镜（メガネ）
f____ j____　x____ māo　　y____ j____

8. 儿化 （アル化）

　特定の単語の後ろに "儿 er" がつくことがあります。この場合、「そり舌母音」の "er" を発音する時のように舌先をそり上げます。この現象を "儿化"（アル化）と言い、ピンインでは "r" を後ろにつけます。"i" と "n" が最後にくる単語の後ろに "r" がつく場合は、"i" と "n" は発音せず、舌をそり上げます。

【読んでみよう】 音声を聞いて発音してみよう ♪ 43

nǎr	yìdiǎnr	yíhuìr
哪儿 （どこ）	一点儿 （少し）	一会儿 （しばらく）

9. 変調

　特定の条件で本来の漢字の声調が変わることがあります。これを「変調」と言います。変調するケースは 3 つありますが、声調符号を変更する場合とそのままにするケースがあります。

❶ 第三声が連続する場合の変調 （声調符号は変更しない） ♪ 44

nǐ hǎo （→ ní hǎo と発音する）	shuǐguǒ （→ shuíguǒ と発音する）
你好 （こんにちは）	水果 （果物）

❷ "不 bù" の後ろに第 4 声が来る場合の変調 （声調符号も変更する） ♪ 45

bú qù	bú duì
不去 （行かない）	不对 （違います）

❸ "一 yī" の変調 （声調符号も変更する） ♪ 46

"一"+第 1 声	"一"+第 2 声	"一"+第 3 声	"一"+第 4 声
yìqiān	yì nián	yìbǎi	yíwàn
一千 （1000）	一年 （1 年）	一百 （100）	一万 （10000）

　◆ ただし、物事の順番や順序を表す場合は第 1 声のままで発音します。

一月一号 （1 月 1 日）	第一课 （第 1 課）	一九九一年 （1991 年）
yī yuè yī hào	dì yī kè	yī jiǔ jiǔ yī nián

ピンインルール ——隔音符号と大文字

① 二番目以降の音節が a, o, e ではじまる場合、前の音節との区切りをはっきりと示すため隔音符号「'」をつけます。

　　　天安門 Tiān'ānmén　　西安 Xī'ān　　恋愛 liàn'ài

② 固有名詞と文頭の最初の文字は大文字にします。

　　　日本　　　　Rìběn
　　　李大力　　　Lǐ Dàlì
　　　山田太郎　　Shāntián Tàiláng
　　　我是日本人。Wǒ shì Rìběnrén.

発展練習 1

1 数字を聞いて発音してみよう　♪47

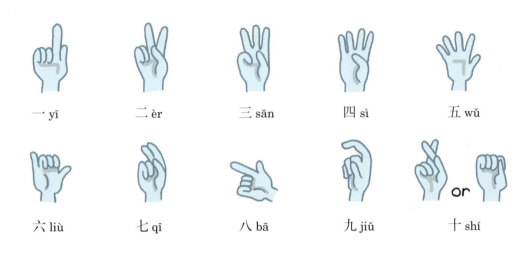

2 2ケタの数字を聞いて発音してみよう　♪48

十一 shíyī　　二十 èrshí　　二十二 èrshi'èr　　四十四 sìshisì

七十三 qīshisān　　八十八 bāshibā　　九十一 jiǔshiyī　　九十九 jiǔshijiǔ

◆ 2ケタの数字の間の"十"は軽声で発音します。

発展練習 2

1 親族を表す単語を聞いてピンインを書いてみよう ♪49

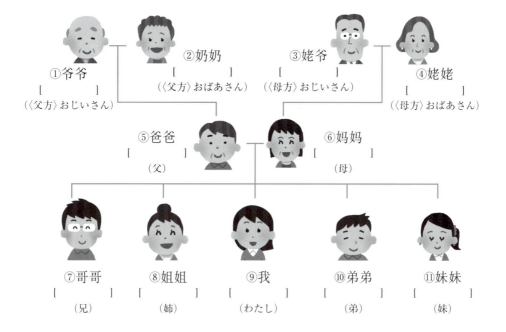

2 次の音を聞いてピンインを書いてみよう ♪50

3 次の音を聞いてピンインを書いてみよう ♪51

発音総合練習

1 これから読む発音と一致するものを、①〜④の中から1つ選びなさい。　♪52

[1] ① jū 　② qū 　③ qī 　④ jī

[2] ① lù 　② lǜ 　③ rè 　④ rù

[3] ① cì 　② cè 　③ cù 　④ chù

[4] ① zhàng 　② jiàng 　③ chèng 　④ chàng

[5] ① xiě 　② shéi 　③ xuě 　④ shuó

2 4つの単語を読みます。声調の組合せが違うものを1つ選びなさい。　♪53

[1] ① 　② 　③ 　④

[2] ① 　② 　③ 　④

[3] ① 　② 　③ 　④

[4] ① 　② 　③ 　④

[5] ① 　② 　③ 　④

3 発音を聞いて声調符号を書きなさい。　♪54

[1] Riben

[2] Zhongguo

[3] xiongmao

[4] tongxue

[5] xiaolongbao

4 音声を聞いてピンインを書きなさい。　♪55

[1] ....

[2] ....

[3] ....

[4] ....

[5] ....

すぐ使える表現

●挨拶　　　　　　　　　　　　　　　　　　　　　　♪ 56

★どんな時間帯にでも使えるあいさつ、初対面の場合は「はじめまして」の意味としても使えます。

★朝や晩など特定の時間帯で使える挨拶。

★"～好"で「～こんにちは」の意味で使えます。

★別れのあいさつ。友達同士だと "拜拜。Báibái." も使えます。

★感謝の気持ちを伝える表現。

★謝罪の気持ちを表す表現。

● QRコードを読み取り、表示されたページで名前を入力して自分の名前の中国語表記、ピンインを確認してみよう。

　鈴木　美香
　　　　　　　Língmù　Měixiāng

姓名 _____

拼音 _____

●名前を尋ねるとき、答えるとき

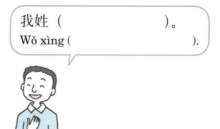

★丁寧に聞く場合は"您贵姓？ Nín guìxìng?"

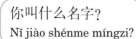

★中国語では名字と名前を区別させるために"我姓张，叫张明。"のように言います。

●知人に対する呼びかけ

張明　★中国人の学生に対しては一般的に
　　　フルネーム＋"同学"の形で使います。

教室用語

🎵 59

同学们好。
Tóngxuémen hǎo.

老师好。
Lǎoshī hǎo.

现在点名。铃木同学。
Xiànzài diǎnmíng. Língmù tóngxué.

到。
Dào.

★点呼時の「はい」は"到"を使います。

现在开始上课。
Xiànzài kāishǐ shàngkè.

请打开三十三页。
Qǐng dǎkāi sānshisān yè.

★「〜してください」と言う場合には"请"を前につけます。

请跟我念。
Qǐng gēn wǒ niàn.

今天就学到这儿，下课。
Jīntiān jiù xuédào zhèr, xiàkè.

★声に出して「読む」ときは"念"を使います。

★授業を始めるは"上课"、終わるは"下课"。

很好！
Hěn hǎo!

还可以。
Hái kěyǐ.

★「いいね」という意味で使われます。他にも"不错！ Búcuò!"、"真棒！ Zhēn bàng!"（ほんとにイイネ）という言い方もよく使われます。

★「まあまあだね」という意味で使われます。

27

Lesson 1

空港で挨拶（わたしは〜です）

Story 短期留学にやってきた鈴木さんは空港で京華大学の張明くんの迎えを受けました。 ♪60

张明： 你 好, 你 是 铃木 小姐 吗?
　　　 Nǐ hǎo, nǐ shì Língmù xiǎojiě ma?

铃木： 对。 您 是……
　　　 Duì. Nín shì ……

张明： 我 是 京华 大学 的 学生,
　　　 Wǒ shì Jīnghuá Dàxué de xuésheng,

　　　 我 叫 张 明。
　　　 wǒ jiào Zhāng Míng.

铃木： 你 好。 我 叫 铃木 美香。
　　　 Nǐ hǎo. Wǒ jiào Língmù Měixiāng.

　　　 请 多 关照！
　　　 Qǐng duō guānzhào!

张明： 请 多 关照！
　　　 Qǐng duō guānzhào!

新出単語 ♪61

- 你好 nǐ hǎo　こんにちは
- 你 nǐ　あなた
- 是 shì　〜です
- 铃木 Língmù　（人名）鈴木
- 小姐 xiǎojiě　（若い女性に対して）〜さん
- 吗 ma　〜か
- 对 duì　正しい、そのとおりである
- 您 nín　（丁寧な言い方）あなた
- 我 wǒ　私
- 京华大学 Jīnghuá Dàxué　京華大学
- 的 de　〜の
- 学生 xuésheng　学生
- 叫 jiào　（名を〜）と言う
- 张明 Zhāng Míng　（人名）張明
- 铃木美香 Língmù Měixiāng　（人名）鈴木美香
- 请多关照！ Qǐng duō guānzhào!　どうぞよろしくお願いします。

文法 Point ポイント

1 「わたし・あなた・彼・彼女」—人称代名詞 ♪62

	1人称	2人称	3人称	疑問詞
	わたし	あなた	彼・彼女	だれ
単数	我 wǒ （わたし）	你 ・ 您 nǐ　nín （あなた）	他 ・ 她 tā　tā （彼・彼女）	谁 shéi （だれ）
複数	我们 ・ 咱们 wǒmen　zánmen （わたしたち）	你们 nǐmen （あなたたち）	他们 ・ 她们 tāmen　tāmen （彼ら・彼女ら）	

◆ "您" は "你" の敬意を込めた言い方です。
◆ "咱们" は聞き手を含む形での「わたしたち」の意味になります。

2 "A＋是＋B" 「AはBです。」 ♪63

▶ "是 shì" の前に "不 bù" をつけると否定文、文末に "吗 ma" をつけると疑問文になります。

A: 你是中国人吗?　　　　　　　B: 是，我是中国人。
　 Nǐ shì Zhōngguórén ma?　　　　 Shì, wǒ shì Zhōngguórén.

A: 他是北京人吗?　　　　　　　B: 不是，他是上海人。
　 Tā shì Běijīngrén ma?　　　　　 Bú shì, tā shì Shànghǎirén.

◆ 疑問に対して「はい、いいえ」のように答えるときは、動詞を使って答えます。ここでは「はい」は "是"、「いいえ」は "不是" となります。

3 名詞と名詞をつなぐ "的" 「〜の〜」 ♪64

我的手机 （私の携帯）　　　　　他的钱包 （彼の財布）
wǒ de shǒujī　　　　　　　　　 tā de qiánbāo

▶ 親族関係、人間関係、所属する組織を言う場合には "的" を省略します。

我爸爸 （私のお父さん）　　　　我们大学 （私たちの大学）
wǒ bàba　　　　　　　　　　　wǒmen dàxué

▶ 結びつきが強く熟語化している場合も "的" を省略することがあります。

中国电影 （中国の映画）　　　　中国留学生 （中国人留学生）
Zhōngguó diànyǐng　　　　　　 Zhōngguó liúxuéshēng

・補充単語 ♪65

☐ 中国人 Zhōngguórén　中国人
☐ 北京人 Běijīngrén　北京出身
☐ 上海人 Shànghǎirén　上海出身
☐ 手机 shǒujī　携帯電話

☐ 钱包 qiánbāo　財布
☐ 爸爸 bàba　お父さん
☐ 大学 dàxué　大学
☐ 中国 Zhōngguó　中国

☐ 电影 diànyǐng　映画
☐ 留学生 liúxuéshēng　留学生

Lesson
1

29

文法練習

1 単語を覚えよう ――「人」 ♪66

杨 叶美 Yáng Yèměi	李 红 Lǐ Hóng	山田 大介 Shāntián Dàjiè	约翰 Yuēhàn	金 善美 Jīn Shànměi
上海人（上海出身） Shànghǎirén	北京人（北京出身） Běijīngrén	日本人（日本人） Rìběnrén	美国人（アメリカ人） Měiguórén	韩国人（韓国人） Hánguórén
大学生（大学生） dàxuéshēng	老师（先生） lǎoshī	留学生（留学生） liúxuéshēng	高中生（高校生） gāozhōngshēng	留学生（留学生） liúxuéshēng

2 次のピンインを漢字にしなさい。

(1) Nǐ shì Zhōngguórén ma?

(2) Wǒ bú shì xuésheng.

3 〔　〕内の語句に <u>1 語加えて</u>並べ替えて文を作りなさい。

(1) あなたは上海出身ですか。
〔是／你／上海人／？〕

(2) 彼は日本人ではありません。
〔是／日本人／他／。〕

4 次の日本語を中国語に訳しなさい。

(1) 彼は私の先生です。

(2) あなたは大学生ですか。

リスニング

基本練習

1 発音された順に（ ）に番号をつけなさい。♪67

（　　）　　　　（　　）　　　　（　　）　　　　（　　）

2 音声を簡体字で書き取りなさい。♪68

(1) _____

(2) _____

(3) _____

3 P.28の会話の内容について中国語で質問します。質問を聞きとり中国語で答えなさい。♪69

(1) _____

(2) _____

発展練習

4 3人の自己紹介を聞いて表を埋めなさい。♪70

名前：李红 Lǐ Hóng
国籍：_____
身分：_____

名前：麦克 Màikè
国籍：_____
身分：_____

名前：山田大介 Shāntián Dàjiè
国籍：_____
身分：_____

Hint　難しい場合は、巻末の語彙索引でピンインから単語を調べて聞いてみよう

dàxuéshēng　lǎoshī　liúxuéshēng　jiào　Měiguó　Rìběn　xìng　Zhōngguó

Lesson 2 バスで荷物をピックアップ（これは〜です）

Story 空港バスに乗って大学近くのバス停に到着。スーツケースを探します。

司机： 这 是 谁 的 箱子？
　　　 Zhè shì shéi de xiāngzi?

铃木： 这 是 我 的。
　　　 Zhè shì wǒ de.

司机： 这 也 是 你 的 吗？
　　　 Zhè yě shì nǐ de ma?

铃木： 不 是 我 的。
　　　 Bú shì wǒ de.

　　　 我 的 是 那个。
　　　 Wǒ de shì nèige.

司机： 那些 是 谁 的？
　　　 Nèixiē shì shéi de?

铃木： 我 不 知道。
　　　 Wǒ bù zhīdào.

新出単語 ♪72

- 司机 sījī　運転手
- 这 zhè　これ
- 谁 shéi　だれ
- 箱子 xiāngzi　スーツケース
- 也 yě　も
- 不 bù　〜ない
- 那个 nèige　あれ
- 那些 nèixiē　あれら
- 不知道 bù zhīdào　分かりません

文法 Point ポイント

1 「これ・あれ・どれ」—指示代名詞　♪ 73

近称	遠称	疑問
这　zhè 这个 zhège/zhèige （これ）	那　nà 那个 nàge/nèige （あれ）	哪　nǎ 哪个 nǎge/něige （どれ）
这些 zhèxiē/zhèixiē （これら）	那些 nàxiē/nèixiē （あれら）	哪些 nǎxiē/něixiē （どれら）

A: 这是你的手机吗？
Zhè shì nǐ de shǒujī ma?

B: 这个不是我的手机。
Zhèige bú shì wǒ de shǒujī.

A: 那些铅笔是你的吗？
Nàxiē qiānbǐ shì nǐ de ma?

B: 那些不是我的。
Nàxiē bú shì wǒ de.

◆動詞の後ろに置くときは、"这・那・哪"の形は使えません。

◆ "这个"＋名詞 の形で「この〜」、 "这些"＋名詞 の形で「これらの〜」となります。

2 疑問詞疑問文 —"什么"「なに」・"谁"「だれ」　♪ 74

▶ 語順は肯定文と同じ、文末に " ? " を置きます。

A: 这是什么？
Zhè shì shénme?

B: 这是铃木的钱包。
Zhè shì Língmù de qiánbāo.

A: 他是谁？
Tā shì shéi?

B: 他是我的同学。
Tā shì wǒ de tóngxué.

◆ "什么"＋名詞 の形で「なんの〜」となります。"什么书"（なんの本）

3 副詞 "也"（〜も）・"都"（みな、どちらも）　主語 + 副詞 + 述語　♪ 75

A: 他们也是日本留学生吗？
Tāmen yě shì Rìběn liúxuéshēng ma?

B: 不是，他们都是韩国留学生。
Bú shì, tāmen dōu shì Hánguó liúxuéshēng.

A: 你们也都是中国人吗？
Nǐmen yě dōu shì Zhōngguórén ma?

B: 不是，我们不都是中国人。部分否定
Bú shì, wǒmen bù dōu shì Zhōngguórén.

B: 不是，我们都不是中国人。全否定
Bú shì, wǒmen dōu bú shì Zhōngguórén.

◆複数の副詞が並ぶ場合は順番に決まりがあります。

補充単語 ♪ 76

☐ 铅笔 qiānbǐ　鉛筆
☐ 日本 Rìběn　日本
☐ 韩国 Hánguó　韓国
☐ 同学 tóngxué　クラスメート
☐ 书 shū　本

文法練習

1 単語を覚えよう ——「身の回りの物」 ♪77

2 次のピンインを漢字にしなさい。

(1) Zhè shì shénme kèběn?

(2) Nèixiē dōu shì wǒ de.

3 〔 〕内の語句に 1 語加えて並べ替えて文を作りなさい。

(1) これも私のボールペンです。
　　〔这／的／我／是／圆珠笔／。〕

(2) 誰があなたのクラスメートですか。
　　〔同学／的／你／是／？〕

4 次の日本語を中国語に訳しなさい。

(1) 私たちもみんなが日本人というわけではありません。

(2) これらはみんな私のではありません。

リスニング

基本練習

1. 発音された順に(　)に番号をつけなさい。 ♪78

(　)

(　)

(　)

(　)

(　)

(　)

2. 音声を簡体字で書き取りなさい。 ♪79

(1) _____

(2) _____

(3) _____

3. P.32の会話の内容について中国語で質問します。質問を聞きとり中国語で答えなさい。 ♪80

(1) _____

(2) _____

発展練習

4. 3つの会話を聞いて、何が誰の持ち物かわかるように線を引きなさい。ただし、会話の中では4人中3人の持ち物について言います。 ♪81

 高桥 Gāoqiáo

 张明 Zhāng Míng

 李老师 Lǐ lǎoshī

 山田 Shāntián

Hint　bāo　qiánbāo　shéi　shǒubiǎo　shǒujī　yuánzhūbǐ

Lesson 3

留学手続き後に書店を探す （〜をします）

Story 入学手続きを終えた鈴木さんはキャンパス内を散策中、教科書を買うために本屋さんを探しています。 82

张明： 你 去 哪儿？
　　　 Nǐ qù nǎr?

铃木： 我 去 书店。
　　　 Wǒ qù shūdiàn.

张明： 你 买 什么 书？
　　　 Nǐ mǎi shénme shū?

铃木： 我 买 课本 和 词典。
　　　 Wǒ mǎi kèběn hé cídiǎn.

张明： 我们 一起 去 吧。
　　　 Wǒmen yìqǐ qù ba.

铃木： 好。
　　　 Hǎo.

新出単語　♪83

- 去 qù　行く
- 哪儿 nǎr　どこ
- 书店 shūdiàn　本屋
- 买 mǎi　買う
- 什么 shénme　なに
- 书 shū　本
- 课本 kèběn　教科書
- 和 hé　〜と
- 词典 cídiǎn　辞典
- 我们 wǒmen　私たち
- 一起 yìqǐ　いっしょに
- 吧 ba　〜しよう
- 好 hǎo　良い、分かりました

文法 Point ポイント

1 「ここ・あそこ・どこ」──場所代名詞 ♪84

近称	遠称	疑問
这儿 zhèr 这里 zhèli （ここ）	那儿 nàr 那里 nàli （あそこ）	哪儿 nǎr 哪里 nǎli （どこ）

◆ "哪里" は「第2声＋軽声」で発音します。

2 動詞述語文「〜は…する」 主語＋動詞（＋目的語） ♪85

▶ 動詞が述語になる文。動詞の前に "不" をつけると否定文、文末に "吗" をつけると疑問文になります。疑問詞を使う疑問文では "吗" は置きません。

A: 你去吗?
Nǐ qù ma?

B: 我不去。
Wǒ bú qù.

A: 你喝什么?
Nǐ hē shénme?

B: 我喝茶。
Wǒ hē chá.

3 文末に置く "吧"「〜しよう・〜でしょう・〜してください」 ♪86

▶ 文末に置いて「提案・推測・軽い命令」の語気を表します。

（提案）
〜しよう

A: 我们点这个吧。
Wǒmen diǎn zhèige ba.

B: 这是什么菜?
Zhè shì shénme cài?

（推測）
〜でしょう

A: 你是日本人吧?
Nǐ shì Rìběnrén ba?

B: 对。
Duì.

（命令）
〜してください

A: 你去吧。
Nǐ qù ba.

B: 我不去。
Wǒ bú qù.

● 補充単語 ♪87

☐ 喝 hē 飲む　　　☐ 点 diǎn 注文する　　　☐ 对 duì その通りだ
☐ 茶 chá お茶　　　☐ 菜 cài 料理、おかず

文法練習

1 フレーズを覚えよう ──「基本の動作」 ♪88

吃 chī（食べる）	喝 hē（飲む）	看 kàn（見る）
早饭 zǎofàn（朝食） 晚饭 wǎnfàn（夕食）	茶 chá（お茶） 咖啡 kāfēi（コーヒー）	电视 diànshì（テレビ） 报 bào（新聞）
去 qù（行く）	买 mǎi（買う）	学习 xuéxí（勉強する）
商店 shāngdiàn（お店） 学校 xuéxiào（学校）	东西 dōngxi（もの） 饮料 yǐnliào（飲み物）	汉语 Hànyǔ（中国語） 日语 Rìyǔ（日本語）

2 次のピンインを漢字にしなさい。

(1) Wǒmen xuéxí Hànyǔ.

_____

(2) Tāmen bú kàn diànshì.

_____

3 〔　〕内の語句に1語加えて並べ替えて文を作りなさい。

(1) 私もそこに行きます。
〔去／我／那儿／。〕

_____

(2) いっしょにお店に行きましょう。
〔去／一起／商店／我们／。〕

_____

4 次の日本語を中国語に訳しなさい。

(1) あなたは何を食べますか。

_____

(2) あなたは日本語を勉強しますか。

_____

リスニング

基本練習

1 発音された順に（　）に番号をつけなさい。 ♪89

 （　）　 （　）　 （　）

 （　）　 （　）　 （　）

2 音声を簡体字で書き取りなさい。 ♪90

(1) _____

(2) _____

(3) _____

3 P.36 の会話の内容について中国語で質問します。質問を聞きとり中国語で答えなさい。 ♪91

(1) _____

(2) _____

発展練習

4 音声を聞いて次の質問に答えなさい。 ♪92

鈴木さんはどちらですか。　山田さんはどちらですか。　張君はどこに行きますか。

（　）（　）　　（　）（　）　　（　）（　）

Hint　chī　Hànyǔ　kàn　mǎi　nǎr　qù　shū　shāngdiàn　xuéxí　zǎofàn

Lesson 4

キャンパスで建物の位置を確認（～はどこですか）

Story 鈴木さんと張君はキャンパス内を散策しています。

鈴木： 便利店 在 哪儿？
　　　Biànlìdiàn zài nǎr?

张明： 便利店 在 二 号 楼 的 旁边。
　　　Biànlìdiàn zài èr hào lóu de pángbiān.

鈴木： 二 号 楼？
　　　Èr hào lóu?

　　　二 号 楼 在 哪儿？
　　　Èr hào lóu zài nǎr?

张明： 在 食堂 的 对面。
　　　Zài shítáng de duìmiàn.

　　　你 现在 去 吗？
　　　Nǐ xiànzài qù ma?

鈴木： 对，你 去 不 去？
　　　Duì, nǐ qù bu qù?

张明： 我 也 去。
　　　Wǒ yě qù.

新出単語 94

- 便利店 biànlìdiàn　コンビニ
- 在 zài　～にある、いる
- ～号楼　～hào lóu　～号館
- 旁边 pángbiān　そば、となり
- 食堂 shítáng　食堂
- 对面 duìmiàn　向かい
- 现在 xiànzài　今

文法 Point ポイント

1 場所の表し方 ♪95

▶ "上""里""左" など、位置や方向を表す語を方位詞と言います。

上 shàng	前 qián	左 zuǒ	外 wài
下 xià	后 hòu	右 yòu	里 lǐ

▶ "～面 miàn""～边 bian" をつけて "前面""前边" のようにして使います。"旁边 pángbiān"(となり) "对面 duìmiàn"(向かい) という組み合わせも覚えましょう。

前面的邮局 qiánmiàn de yóujú （前の郵便局）　　邮局的前面 yóujú de qiánmiàn （郵便局の前）

▶ "里""上" などは場所を表さない名詞の後ろにつけ場所化させます。その場 "里""上" は軽声で発音されます。

冰箱里 bīngxiāng li （冷蔵庫の中）　　黑板上 hēibǎn shang （黒板の表面）

▶ 場所を表す言葉は方位詞をつけることも省略することもできます。

学校（里）xuéxiào (li)　　　教室（里）jiàoshì (li)

2 所在を表す"在"「～は…にいる／ある」 主語＋"在"＋場所 ♪96

▶ 否定は "在" の前に "不" を、疑問は文末に "吗" を置きます。

A: 图书馆在哪儿?　　　　　　B: 图书馆在食堂的后面。
　Túshūguǎn zài nǎr?　　　　　 Túshūguǎn zài shítáng de hòumiàn.

A: 王先生在家吗?　　　　　　B: 他现在不在家。
　Wáng xiānsheng zài jiā ma?　 Tā xiànzài bú zài jiā.

◆ "现在" のような時間を表す言葉は述語より前に置きます。

3 反復疑問文 ♪97

▶ 肯定形と否定形を並べる疑問文。

A: 你喝不喝红茶?　　　　　　B: 我喝。
　Nǐ hē bu hē hóngchá?　　　　 Wǒ hē.

A: 他是不是日本人?　　　　　B: 不是，他是韩国人。
　Tā shì bu shì Rìběnrén?　　　 Bú shì, tā shì Hánguórén.

◆ "也"(～も) や "都"(みんな) などの副詞が入る文は反復疑問文にできません。
◆ "不" は軽声で発音します。

● 補充単語 ♪98

☐ 邮局 yóujú　郵便局　　　　☐ 教室 jiàoshì　教室　　　　　☐ 家 jiā　家
☐ 冰箱 bīngxiāng　冷蔵庫　　☐ 图书馆 túshūguǎn　図書館　　☐ 红茶 hóngchá　紅茶
☐ 黑板 hēibǎn　黒板　　　　☐ 先生 xiānsheng　（男性の名前の後ろにつけて)～さん

文法練習

1 単語を覚えよう ——「キャンパス」 ♪ 99

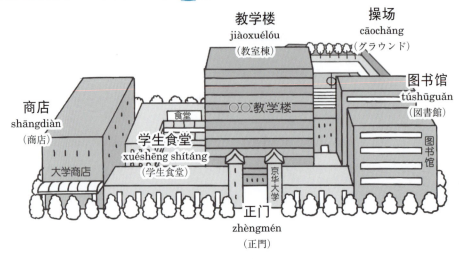

2 次のピンインを漢字にしなさい。

(1) Shāngdiàn zài xuéshēng shítáng de zuǒbian.

(2) Cāochǎng zài túshūguǎn de hòumiàn.

3 〔　〕内の語句に<u>１語加えて</u>並べ替えて文を作りなさい

(1) 図書館は正門のそばにあります。
〔在／正门／的／图书馆／。〕

(2) あなたのお父さんは家にいますか。
〔你／家／在／不／爸爸／？〕

4 次の日本語を中国語に訳しなさい。

(1) 教室棟はどこにありますか。

(2) 食堂は図書館の向かいにありません。

リスニング

基本練習

1 発音された順に（ ）に番号をつけなさい。 ♪100

( )　( )　( )

( )　( )　( )

2 音声を簡体字で書き取りなさい。 ♪101

(1)

(2)

(3)

3 P.40の会話の内容について中国語で質問します。質問を聞きとり中国語で答えなさい。 ♪102

(1)

(2)

発展練習

4 音声を聞いて□に建物の名前を書き入れなさい。 ♪103

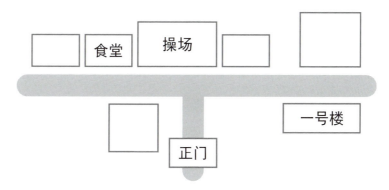

Hint　biànlìdiàn　cāochǎng　duìmiàn　èr hào lóu　pángbiān　sān hào lóu　shítáng　túshūguǎn　yī hào lóu　yòubian　zài　zhèngmén　zuǒbian

Lesson 5 カフェで家族の話（〜がいます）

Story 鈴木さんと張君はカフェでおしゃべりしています。

张明： 你 今年 多 大？
　　　 Nǐ jīnnián duō dà?

铃木： 我 今年 十九 岁。
　　　 Wǒ jīnnián shíjiǔ suì.

张明： 你 有 兄弟 姐妹 吗？
　　　 Nǐ yǒu xiōngdì jiěmèi ma?

铃木： 我 有 一 个 哥哥 和
　　　 Wǒ yǒu yí ge gēge hé

　　　 两 个 妹妹。
　　　 liǎng ge mèimei.

张明： 你 哥哥 做 什么 工作？
　　　 Nǐ gēge zuò shénme gōngzuò?

铃木： 我 哥哥 是 公司 职员，他 在 上海。
　　　 Wǒ gēge shì gōngsī zhíyuán, tā zài Shànghǎi.

张明： 是 吗？ 我 哥哥 也 在 上海。
　　　 Shì ma? Wǒ gēge yě zài Shànghǎi.

新出単語 ♪105

- 今年 jīnnián 今年
- 多 duō どれくらい〜
- 大 dà 大きい
  （"多大"でおいくつ、何歳の意味）
- 岁 suì 〜歳
- 有 yǒu ある
- 兄弟姐妹 xiōngdì jiěmèi 兄弟
- 个 ge 〜個
- 哥哥 gēge 兄
- 两 liǎng 2
- 妹妹 mèimei 妹
- 做 zuò する
- 工作 gōngzuò 仕事
- 公司 gōngsī 会社
- 职员 zhíyuán 職員
- 他 ta 彼
- 上海 Shànghǎi 上海

文法 Point ポイント

1 所有と存在を表す"有"　♪106

人+"有"　「～は…を持っている」

▶否定文は"有"の前に"没 méi"を置きます。

A: 你有电子词典吗?　　　B: 有。
　　Nǐ yǒu diànzǐ cídiǎn ma?　　　Yǒu.

A: 你有没有弟弟?　　　B: 我没有弟弟。
　　Nǐ yǒu méi yǒu dìdi?　　　Wǒ méi yǒu dìdi.

場所+"有"　「～に～がある、いる」

A: 冰箱里有啤酒吗?　　　B: 冰箱里没有啤酒。
　　Bīngxiāng li yǒu píjiǔ ma?　　　Bīngxiāng li méi yǒu píjiǔ.

2 名詞述語文　♪107

▶年齢・日付・曜日・金額などの数字が関連する名詞が述語になります。

A: 你弟弟几岁?　　　B: 他九岁。
　　Nǐ dìdi jǐ suì?　　　Tā jiǔ suì.

A: 你哥哥今年多大?　　　B: 我哥哥今年三十(岁)。
　　Nǐ gēge jīnnián duō dà?　　　Wǒ gēge jīnnián sānshí suì.

◆否定は"我哥哥今年不是三十岁。"のように"不是"を使います。
◆年齢は尋ねる相手の年頃によっていくつか聞き方があります。一般的に、小さい子どもには"几岁?"、それ以外は"多大?"と尋ねます。

3 人の数え方　♪108

数詞+"个"+人

A: 你们几个人?　　　B: 我们四个人。
　　Nǐmen jǐ ge rén?　　　Wǒmen sì ge rén.

A: 你有哥哥吗?　　　B: 没有，我有两个姐姐。
　　Nǐ yǒu gēge ma?　　　Méiyǒu, wǒ yǒu liǎng ge jiějie.

補充単語　♪109

□ 电子词典 diànzǐ cídiǎn　電子辞書　　□ 啤酒 píjiǔ　ビール　　□ 人 rén　人
□ 弟弟 dìdi　弟　　□ 几 jǐ　いくつ　　□ 姐姐 jiějie　姉

文法練習

1 単語を覚えよう　——「家族と仕事と年齢」　♪110

姐姐 — 31岁 导游 dǎoyóu （旅行ガイド）	我 — 28岁 公司职员 gōngsī zhíyuán （会社員）	妈妈 — 52岁 家庭主妇 jiātíng zhǔfù （専業主婦）	弟弟 — 26岁 厨师 chúshī （料理人）
爸爸 — 52岁 司机 sījī （運転手）	哥哥 — 32岁 医生 yīshēng （医者）	弟弟 — 24岁 美发师 měifàshī （美容師）	妹妹 — 22岁 老师 lǎoshī （先生）

2 次のピンインを漢字にしなさい。

(1) Nǐ gēge jīnnián duō dà?

(2) Wǒ yǒu liǎng ge dìdi.

3 〔　〕内の語句に1語加えて並べ替えて文を作りなさい。

(1) 彼女には弟が1人、妹が3人います。
　　〔三个／弟弟／一个／和／她／妹妹／。〕

(2) ここには本はありません。
　　〔有／书／这儿／。〕

4 次の日本語を中国語に訳しなさい。

(1) あなたのお父さんは今年何歳ですか。

(2) 私には姉はいません。

リスニング

基本練習

1 発音された順に（ ）に番号をつけなさい。 ♪111

   （　　）
   （　　）
   （　　）

   （　　）
   （　　）
   （　　）

2 音声を簡体字で書き取りなさい。 ♪112

(1) _____

(2) _____

(3) _____

3 P.44 の会話の内容について中国語で質問します。質問を聞きとり中国語で答えなさい。 ♪113

(1) _____

(2) _____

発展練習

4 3人のプロフィールを紹介します。表を埋め、さらに誰のことについて言っているか線をひきなさい。 ♪114

自分との関係： _____	自分との関係： _____	自分との関係： _____
年齢： _____	年齢： _____	年齢： _____
職業： _____	職業： _____	職業： _____

Hint　chúshī　dǎoyóu　dìdi　jiějie　jīnnián　měifàshī　suì　yéye

Lesson 6

服を買う（～が欲しい）

Story　鈴木さんは服を買いに来ました。　♪115

服务员：欢迎　光临，您　要　什么？
　　　　Huānyíng guānglín, nín yào shénme?

铃木：我　要　一　条　牛仔裤。
　　　Wǒ yào yì tiáo niúzǎikù.

服务员：还　要　什么？
　　　　Hái yào shénme?

铃木：要　T恤衫。
　　　Yào Txùshān.

服务员：您　要　几　件？
　　　　Nín yào jǐ jiàn?

铃木：要　两　件。一共　多少　钱？
　　　Yào liǎng jiàn. Yígòng duōshao qián?

服务员：五百　六十　块。
　　　　Wǔbǎi liùshí kuài.

新出単語　♪116

- 服务员 fúwùyuán　店員
- 欢迎光临 huānyíng guānglín
  いらっしゃいませ
- 要 yào　欲しい
- 条 tiáo　（細長い物を数える）～本
- 牛仔裤 niúzǎikù　ジーンズ
- 还 hái　さらに
- T恤衫 Txùshān　Tシャツ
- 几 jǐ　いくつ
- 件 jiàn　（服を数える）～枚
- 一共 yígòng　全部で
- 多少 duōshao　どれくらい
- 钱 qián　お金
- 多少钱 duōshao qián
  いくらですか
- 百 bǎi　百
- 块 kuài　（通貨の単位）～元

文法 Point ポイント

1 100以上の数字　♪117

一百 yìbǎi（100）　　一百零一 yìbǎi líng yī（101）　　一百一（十）yìbǎi yī（shí）（110）

二百 èrbǎi／两百 liǎngbǎi（200）　　　　一千 yìqiān（1000）

一千零一 yìqiān líng yī　（1001）　　　　一千零一十 yìqiān líng yīshí（1010）

一千一（百）yìqiān yī（1100）　　　　一千二（百）yìqiān èr（bǎi）（1200）
　　　　　　　　yìqiān yì（bǎi）

2 量詞　♪118

▶日本語と数を数えるカテゴライズが異なります。

数詞＋量詞＋名詞　　　　一本书 yì běn shū（1冊の本）

指示代名詞＋数詞＋量詞＋名詞　　　这两本书 zhè liǎng běn shū（この2冊の本）

个 ge	広く個体	人 rén　　（人） 钱包 qiánbāo（財布）	张 zhāng	平面が 目立つもの	桌子 zhuōzi　（机） 照片 zhàopiàn（写真）
件 jiàn	衣類や事柄	衣服 yīfu　　（服） 事 shì　　（用事）	本 běn	書籍類	书 shū　　　（本） 杂志 zázhì（雑誌）
条 tiáo	細長いもの	裤子 kùzi（ズボン） 路 lù　　（道）	把 bǎ	取っ手の あるもの	伞 sǎn　　　（傘） 椅子 yǐzi　（イス）
双 shuāng	ペアのもの	筷子 kuàizi（お箸） 鞋 xié　　（くつ）	只 zhī	小動物	狗 gǒu　　　（犬） 猫 māo　　（猫）

◆「これらの本」のように言う場合は、量詞は入れません。"这些书"

3 疑問詞 "几"（いくつ）"多少"（どのくらい）　♪119

▶答えがおよそ1ケタの数を予想して尋ねる場合は "几"、そういった制限がない場合は "多少" を使う。

A: 你要几个苹果?　　　　B: 我要三个。
　 Nǐ yào jǐ ge píngguǒ?　　 Wǒ yào sān ge.

A: 这个多少钱?　　　　　B: 两百六。
　 Zhèige duōshao qián?　　 Liǎngbǎi liù.

補充単語　♪120

□ 苹果 píngguǒ　リンゴ

文法練習

1 単語を覚えよう ——「服」 🎵 121

2 次のピンインを漢字にしなさい。

(1) Wǒ yào yì shuāng yùndòngxié.

(2) Yígòng sānqiān sìbǎi yīshísì kuài.

3 〔　〕内の語句に 1 語加えて並べ替えて文を作りなさい。

(1) この写真は誰のですか。
〔 的 ／ 照片 ／ 谁 ／ 是 ／ 这 ／ ？ 〕

(2) 彼女は何枚スカートを買いますか。
〔 她 ／ 裙子 ／ 条 ／ 买 ／ ？ 〕

4 次の日本語を中国語に訳しなさい。

(1) このコートは 1200 元です。

(2) 私は傘を 3 本持っています。

リスニング

基本練習

1 発音された順に（　）に番号をつけなさい。ただし読まないイラストが2つあります。 ♪122

　（　）　　　（　）　　　（　）　　　（　）

　（　）　　　（　）　　　（　）　　　（　）

2 音声を簡体字で書き取りなさい。 ♪123

(1)

(2)

(3)

3 P.48の会話の内容について中国語で質問します。質問を聞きとり中国語で答えなさい。 ♪124

(1)

(2)

発展練習

4 店員との会話を聞いて表を埋めなさい。 ♪125

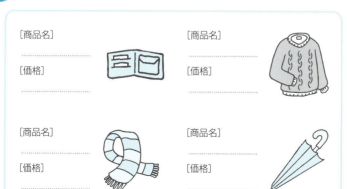

Hint　bǎ　duōshao　jiàn　mǎi　máoyī　qián　qiánbāo　sǎn　tiáo　wéijīn　yígòng

Lesson 7

電話で友達と約束（〜がしたい）

Story 張君は来週の土曜日に鈴木さんを映画に誘います。

张明： 你 下 个 星期六 有 空儿 吗?
　　　Nǐ xià ge xīngqīliù yǒu kòngr ma?

铃木： 下 个 星期六 是 几 号?
　　　Xià ge xīngqīliù shì jǐ hào?

张明： 十八 号。
　　　Shíbā hào.

铃木： 有空儿。 怎么 了?
　　　Yǒu kòngr. Zěnme le?

张明： 我 想 看 电影, 一起 去 吗?
　　　Wǒ xiǎng kàn diànyǐng, yìqǐ qù ma?

铃木： 几 点 的 电影?
　　　Jǐ diǎn de diànyǐng?

张明： 下午 两 点。
　　　Xiàwǔ liǎng diǎn.

铃木： 好 啊, 那 我们 一点 半 见 吧。
　　　Hǎo a, nà wǒmen yì diǎn bàn jiàn ba.

新出単語 127

- 下个 xià ge　次の
- 星期六 xīngqīliù　土曜日
- 空儿 kòngr　ひま
- 号 hào　〜日
- 怎么了 zěnme le　どうしたの
- 想 xiǎng　〜したい
- 看 kàn　見る
- 电影 diànyǐng　映画
- 点 diǎn　〜時
- 下午 xiàwǔ　午後
- 好啊 hǎo a　いいですよ
- 那 nà　それじゃあ
- 半 bàn　30分、〜半
- 见 jiàn　会う

文法 Point ポイント

1 時間 ♪128

| | 上个月 shàng ge yuè (先月) | | 这个月 zhèige yuè (今月) | | 下个月 xià ge yuè (来月) | |
| | 六月 liù yuè | | 七月 qī yuè | | 八月 bā yuè | |
	星期天 xīngqītiān (日曜日)	星期一 xīngqīyī (月曜日)	星期二 xīngqī'èr (火曜日)	星期三 xīngqīsān (水曜日)	星期四 xīngqīsì (木曜日)	星期五 xīngqīwǔ (金曜日)	星期六 xīngqīliù (土曜日)
上个星期 (先週) shàng ge xīngqī		1 一号 yī hào	2 二号 èr hào	3 三号 sān hào	4	5	6
这个星期 (今週) zhèige xīngqī	7	8 前天 qiántiān (おととい)	9 昨天 zuótiān (きのう)	10 今天 jīntiān (きょう)	11 明天 míngtiān (あした)	12 后天 hòutiān (あさって)	13
下个星期 (来週) xià ge xīngqī	14	15	16	17	18	19	20

A: 今天几月几号星期几?
Jīntiān jǐ yuè jǐ hào xīngqī jǐ?

B: 今天七月十号星期三。
Jīntiān qī yuè shí hào xīngqīsān.

2 時刻 ♪129

時間の区分

早上 zǎoshang (朝)	上午 shàngwǔ (午前)	中午 zhōngwǔ (正午)	下午 xiàwǔ (午後)	晚上 wǎnshang (夜)

两点五十七分
liǎng diǎn wǔshíqī fēn
差三分三点
chà sān fēn sān diǎn

两点零一分
liǎng diǎn líng yī fēn
◆1ケタは "零" をいれる

两点十五分
liǎng diǎn shíwǔ fēn
两点一刻 liǎng diǎn yí kè
◆15分は2通りの言い方がある

两点四十五分
liǎng diǎn sìshiwǔ fēn
两点三刻
liǎng diǎn sān kè

两点三十分
liǎng diǎn sānshí fēn
两点半
liǎng diǎn bàn

A: 现在几点?
Xiànzài jǐ diǎn?

B: 现在八点三十五分。
Xiànzài bā diǎn sānshiwǔ fēn.

3 助動詞 "想"・"要" 「〜したい」 主語 + "想 / 要" + 動詞 (+ 目的語) ♪130

▶助動詞は動詞の前に置き、否定の "不" は助動詞の前に置きます。

A: 你想喝珍珠奶茶吗?
Nǐ xiǎng hē zhēnzhū nǎichá ma?

B: 我想喝。
Wǒ xiǎng hē.

A: 你要不要去?
Nǐ yào bu yào qù?

B: 我一定去。
Wǒ yídìng qù.

◆否定はいずれも "不想" + 動詞 の形になります。　◆ "想" は軽い願望を、"要" は強い願望を表します。

補充単語 ♪131

□ 珍珠奶茶 zhēnzhū nǎichá　タピオカミルクティー　　□ 一定 yídìng　必ず、きっと

53

文法練習

1 フレーズを覚えよう ——「一日の行動」 ♪132

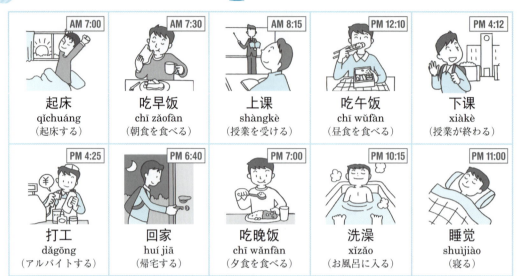

2 次のピンインを漢字にしなさい。

(1) Nǐ jǐ diǎn huí jiā?

(2) Jīntiān sān yuè shí'èr hào xīngqīsì.

3 〔 〕内の語句に <u>1 語加えて</u> 並べ替えて文を作りなさい。

(1) 私の兄は夜10時15分にお風呂に入ります。
〔哥哥／我／十／晩上／点／洗澡／一／。〕

(2) 明後日は日曜日ではありません。
〔后天／星期天／不／。〕

4 次の日本語を中国語に訳しなさい。

(1) 私は明日の夜、映画館に行きます。　※电影院 diànyǐngyuàn（映画館）

(2) 来週の水曜日は15日ですか。

リスニング

基本練習

1 時間を聞き取り針を書き込みなさい。 ♪ 133

[　　　　　] [　　　　　] [　　　　　] [　　　　　] [　　　　　]

2 音声を簡体字で書き取りなさい。 ♪ 134

(1)
(2)
(3)

3 P.52の会話の内容について中国語で質問します。質問を聞きとり中国語で答えなさい。 ♪ 135

(1)
(2)

発展練習

4 音声を聞いて正しい組み合わせに線を引きなさい。 ♪ 136

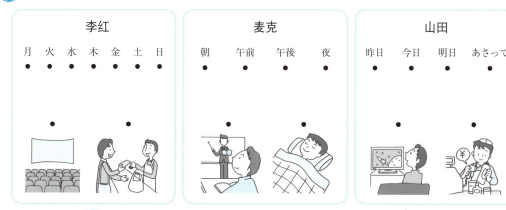

Hint　dǎgōng　diànshì　diànyǐng　dōngxi　Hànyǔ　kàn　mǎi　shū　shuìjiào　xuéxí

Lesson 8

放課後に待ち合わせ（～で…しよう）

Story 張君は授業が終わってお腹がすいたようです。

张明： 你 吃 饭 了 吗?
　　　 Nǐ chī fàn le ma?

铃木： 还 没 吃。
　　　 Hái méi chī.

张明： 跟 我 一起 去 吃 吧。
　　　 Gēn wǒ yìqǐ qù chī ba.

铃木： 好 啊, 吃 什么?
　　　 Hǎo a, chī shénme?

张明： 去 吃 小笼包, 怎么样?
　　　 Qù chī xiǎolóngbāo, zěnmeyàng?

铃木： 好！ 我 先 回 宿舍 换 衣服,
　　　 Hǎo! Wǒ xiān huí sùshè huàn yīfu,
　　　 一会儿 在 学校 门口 见 吧。
　　　 yíhuìr zài xuéxiào ménkǒu jiàn ba.

张明： 那 一会儿 见。
　　　 Nà yíhuìr jiàn.

新出単語

- 吃 chī 食べる
- 饭 fàn ご飯
- 了 le ～した
- 还 hái まだ
- 没(有) méi(yǒu) ～していない、～しなかった
- 跟 gēn ～と
- 小笼包 xiǎolóngbāo ショーロンポー
- 怎么样 zěnmeyàng どうですか
- 先 xiān まず、先に
- 回 huí 帰る
- 宿舍 sùshè 宿舎
- 换 huàn 交換する
- 衣服 yīfu 服
- 一会儿 yíhuìr ほんのしばらく
- 在 zài ～で
- 学校 xuéxiào 学校
- 门口 ménkǒu 入口

文法 **Point** ポイント

1 "了" 動詞 +"了" (〜した) "没(有)"+ 動詞 (〜しなかった・していない) ♪139

A: 他来了吗?
Tā lái le ma?

B: 还没(有)来。
Hái méi(yǒu) lái.

A: 你吃了几个饺子?
Nǐ chīle jǐ ge jiǎozi?

B: 我吃了三个。
Wǒ chīle sān ge.

◆目的語に修飾語が付かない場合は、目的語の後ろに "了" を置きます。

2 連動文 A+ 動詞① (+ 目的語①) + 動詞② (+ 目的語②) (A は〜して…する) ♪140

▶連続して行われる 2 つの動作を言う表現。動作が行われる順番に動詞を並べます。

A: 你去哪儿买东西?
Nǐ qù nǎr mǎi dōngxi?

B: 我去超市买东西。
Wǒ qù chāoshì mǎi dōngxi.

A: 你坐地铁去电影院吗?
Nǐ zuò dìtiě qù diànyǐngyuàn ma?

B: 我骑自行车去。
Wǒ qí zìxíngchē qù.

3 介詞 "在" (〜で)・"跟" (〜と) ♪141

主語 +"在"+ 場所 + 動詞 (+ 目的語) (A は B で〜する)

A: 你在哪儿吃午饭?
Nǐ zài nǎr chī wǔfàn?

B: 我在学生食堂吃。
Wǒ zài xuéshēng shítáng chī.

主語 +"跟"+ 人 + 動詞 (+ 目的語) (A は B と〜する)

A: 你跟谁一起去?
Nǐ gēn shéi yìqǐ qù?

B: 我跟朋友一起去。
Wǒ gēn péngyou yìqǐ qù.

補充単語 ♪142

- □ 饺子 jiǎozi　ギョーザ
- □ 东西 dōngxi　もの
- □ 坐 zuò　乗る、〜で
- □ 超市 chāoshì　スーパー
- □ 地铁 dìtiě　地下鉄
- □ 电影院 diànyǐngyuàn　映画館
- □ 骑 qí　(自転車などに) 乗る
- □ 自行车 zìxíngchē　自転車
- □ 朋友 péngyou　友人

57

文法練習

1 単語を覚えよう ──「場所」 ♪143

2 次のピンインを漢字にしなさい。

(1) Wǒ méiyǒu chī fàn.

(2) Wǒ qí zìxíngchē qù chēzhàn.

3 〔 〕内の語句に1語加えて並べ替えて文を作りなさい。

(1) 私はバスに乗って故宮に行きます。
〔故宮／公交车／我／去／。〕 ※公交车 gōngjiāochē（バス）

(2) 私は宿舎で昼ごはんを食べます。
〔我／吃／宿舍／午饭／。〕

4 次の日本語を中国語に訳しなさい。

(1) 私はジーンズを一本買いました。

(2) 私たちはスーパーで買い物をします。

リスニング

基本練習

1 6つの中国語の単語の音声が流れます。発音された順に（ ）に番号をつけなさい。 ♪144

( )　( )　( )

( )　( )　( )

2 音声を簡体字で書き取りなさい。 ♪145

(1)

(2)

(3)

3 P.56の会話の内容について中国語で質問します。質問を聞きとり中国語で答えなさい。 ♪146

(1)

(2)

発展練習

4 音声を聞いてイラストの状況について質問に答えなさい。 ♪147

Hint　jiàn　qù　zuò

Lesson 9 レストランで料理の話（〜が好き）

Story 鈴木さん張君はレストランにやってきました。

鈴木： 鱼香肉丝 是 什么 菜？
　　　Yúxiāng ròusī shì shénme cài?

张明： 是 四川菜，有点儿 辣。
　　　Shì sìchuāncài, yǒudiǎnr là.

鈴木： 我 喜欢 吃 辣 的 菜，你 呢？
　　　Wǒ xǐhuan chī là de cài, nǐ ne?

张明： 我 也 喜欢 吃。
　　　Wǒ yě xǐhuan chī.

鈴木： 这儿 的 麻婆豆腐 好吃 吗？
　　　Zhèr de mápó dòufu hǎochī ma?

张明： 很 好吃。咱们 要 鱼香肉丝，
　　　Hěn hǎochī. Zánmen yào yúxiāng ròusī,

　　　还是 要 麻婆豆腐？
　　　háishi yào mápó dòufu?

鈴木： 我 都 想 吃……
　　　Wǒ dōu xiǎng chī ……

新出単語

- 鱼香肉丝 yúxiāng ròusī
  （料理名）ユーシャンロウスー
- 菜 cài 料理
- 四川菜 sìchuāncài 四川料理
- 有点儿 yǒudiǎnr 少し
- 辣 là 辛い
- 喜欢 xǐhuan 〜が好き
- 呢 ne 〜は？
- 这儿 zhèr ここ
- 麻婆豆腐 mápó dòufu
  （料理名）マーボー豆腐
- 好吃 hǎochī 美味しい
- 很 hěn とても
- 咱们 zánmen
  （聞き手を含めて）私たち
- 还是 háishi それとも

文法 Point ポイント

1 形容詞述語文 　主語 +"很"+ 形容詞 　♪150

▶ 肯定文では "很" などの程度を表す副詞を形容詞の前につけます。"很" を強く読むと「とても」の意味になります。"很" がないと比較のニュアンスが出ます。

A: 今天热吗?
Jīntiān rè ma?

B: 今天不热。
Jīntiān bú rè.

A: 这个贵不贵?
Zhèige guì bu guì?

B: 这个很便宜。
Zhèige hěn piányi.

A: 哪个好?
Něige hǎo?

B: 这个好，那个不好。
Zhèige hǎo, nèige bù hǎo.

◆ "真 zhēn"（本当に）、"不太 bútài"（あまり～でない）、"最 zuì"（最も）のような程度を表す副詞は形容詞の前に置かれます。

2 選択疑問文 　("是") A+"还是"+B ? 　（A ですか、それとも B ですか）　♪151

A: 你是中国人还是日本人?
Nǐ shì Zhōngguórén háishi Rìběnrén?

B: 我是日本人。
Wǒ shì Rìběnrén.

A: 你喝咖啡还是喝茶?
Nǐ hē kāfēi háishi hē chá?

B: 我喝茶。
Wǒ hē chá.

3 "～呢?" 「～は?」　♪152

▶ 何が聞きたいか場面から明らかな場合、"呢?" を主語の後ろに置くだけで「～は?」という意味になります。

A: 我点这个，你呢?
Wǒ diǎn zhèige, nǐ ne?

B: 我也点这个吧。
Wǒ yě diǎn zhèige ba.

A: 菜单呢?
Càidān ne?

B: 请稍等。
Qǐng shāo děng.

● 補充単語 　♪153

☐ 热 rè 暑い
☐ 贵 guì （価格が）高い
☐ 便宜 piányi （価格が）安い
☐ 菜单 càidān メニュー
☐ 请 qǐng ～してください
☐ 稍 shāo 少し
☐ 等 děng 待つ

61

文法練習

1 単語を覚えよう ──「料理」 ♪154

2 次のピンインを漢字にしなさい。

(1) Nǐ hē píjiǔ háishi hē kělè?

(2) Wǒ xǐhuan chī shuǐjiǎo, nǐ ne?

3 〔　〕内の語句に1語加えて並べ替えて文を作りなさい。

(1) この料理は辛くありません。
〔辣／菜／这个／。〕

(2) あの人は先生ですか、それとも学生ですか。
〔那个／是／人／老师／学生／？〕

4 次の日本語を中国語に訳しなさい。

(1) 今日は本当に暑いです。

(2) これがいいですか、それともあれがいいですか。

リスニング

基本練習

1 発音された順に（　）に番号をつけなさい。ただし読まないイラストが４つあります。♪155

2 音声を簡体字で書き取りなさい。♪156

(1) _____

(2) _____

(3) _____

3 P.60 の会話の内容について中国語で質問します。質問を聞きとり中国語で答えなさい。♪157

(1) _____

(2) _____

発展練習

4 会話の後に読まれる質問の答えとなるものに○をつけなさい。♪158

Hint　Běijīng　kǎoyā　chǎofàn　chī　guì　hē　qīngjiāo ròusī　piányi　shuǐjiǎo　tāng　xiǎng　xiǎolóngbāo　yǒudiǎnr

Lesson 10

北京の気候の話 (〜は…より)

Story 東京より緯度が高いので涼しいと思っていたら大間違い、北京の夏は暑い。

铃木： 今天 真 热 啊！
Jīntiān zhēn rè a!

没 想到 北京 的 夏天 这么 热。
Méi xiǎngdào Běijīng de xiàtiān zhème rè.

张明： 是 啊，不过 今年 没有 去年 热。
Shì a, búguò jīnnián méiyou qùnián rè.

去年 比 今年 热 多 了。
Qùnián bǐ jīnnián rè duō le.

铃木： 真 的 吗？
Zhēn de ma?

张明： 东京 的 夏天 比 北京 热 吗？
Dōngjīng de xiàtiān bǐ Běijīng rè ma?

铃木： 差不多。东京 跟 北京 一样 热。
Chàbuduō. Dōngjīng gēn Běijīng yíyàng rè.

张明： 我 老家 在 重庆，更 热。
Wǒ lǎojiā zài Chóngqìng, gèng rè.

铃木： 比 北京 还 热 啊！
Bǐ Běijīng hái rè a!

新出単語

- 今天 jīntiān 今日
- 真 zhēn 本当に
- 热 rè 暑い
- 今年 jīnnián 今年
- 不过 búguò でも、しかし
- 多了 duō le ずっと〜
- 没想到 méi xiǎngdào
  〜とは思わなかった、思いのほか
- 北京 Běijīng 北京
- 夏天 xiàtiān 夏
- 这么 zhème こんなに
- 去年 qùnián 去年
- 比 bǐ 〜より
- 东京 Dōngjīng 東京
- 差不多 chàbuduō
  大して違わない
- 一样 yíyàng 同じである
- 老家 lǎojiā 故郷
- 重庆 Chóngqìng 重慶
- 更 gèng さらに

文法 Point ポイント

1 比較　A＋"比"＋B＋(＋"更 / 还")……　(AはBより……だ。) ♪161

A: 这个比那个便宜吗？
Zhèige bǐ nèige piányi ma?

B: 这个比那个便宜。
Zhèige bǐ nèige piányi.

A: 黄山高还是泰山高？
Huángshān gāo háishi Tàishān gāo?

B: 黄山比泰山更高。
Huángshān bǐ Tàishān gèng gāo.

▶ AとBの差がどれくらいであるか言いたいときは数量を表す言葉を最後に置きます。

A＋"比"＋B＋……＋《数量》　(AはBより《数量》の分だけ……だ。)

A: 你比小李大几岁？
Nǐ bǐ Xiǎo-Lǐ dà jǐ suì?

B: 我比他大两岁。
Wǒ bǐ tā dà liǎng suì.

A: 今天比昨天热吗？
Jīntiān bǐ zuótiān rè ma?

B: 今天比昨天热一点儿。
Jīntiān bǐ zuótiān rè yìdiǎnr.

◆ 数量には具体的な数値が入ることもあれば、"多了"(ずっと～)や"一点儿"(少し)などが入ることもあります。

2 比較の否定　A＋"没有"＋B＋(这么 / 那么)＋……　(AはBほど……でない。) ♪162

A: 今天比昨天热吗？
Jīntiān bǐ zuótiān rè ma?

B: 今天没有昨天那么热。
Jīntiān méiyou zuótiān nàme rè.

A: 黄河比长江长吗？
Huánghé bǐ Chángjiāng cháng ma?

B: 黄河没有长江长。
Huánghé méiyou Chángjiāng cháng.

3 同一　A＋"跟"＋B＋"一样"＋……　(AはBと同じぐらい……だ。) ♪163

A: 这个贵还是那个贵？
Zhèige guì háishi nèige guì?

B: 这个跟那个一样贵。
Zhèige gēn nèige yíyàng guì.

◆ 補充単語　♪164

☐ 黄山 Huángshān　(中国の山)黄山
☐ 高 gāo　高い
☐ 泰山 Tàishān　(中国の山)泰山

☐ 那么 nàme　そんなに
☐ 一点儿 yìdiǎnr　少し
☐ 黄河 Huánghé　(中国の川)黄河

☐ 长江 Chángjiāng
　(中国の川)長江
☐ 长 cháng　長い

文法練習

1 単語を覚えよう ──「比較」 ♪165

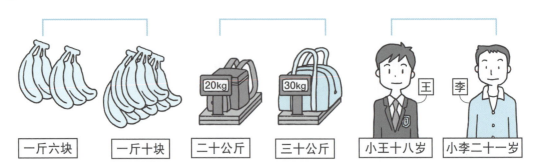

香蕉 xiāngjiāo（バナナ）
块 kuài
斤 jīn
（〔中国の重さの単位〕斤（1斤＝500グラム））

行李 xíngli（荷物）
公斤 gōngjīn（キログラム）

高中生 gāozhōngshēng（高校生）
大学生 dàxuéshēng（大学生）

2 次のピンインを漢字にしなさい。

(1) Zhèige xiāngjiāo bǐ nèige xiāngjiāo guì.

(2) Tā de xíngli méiyou wǒ de zhòng.　※重 zhòng（重い）

3 〔　〕内の語句に1語加えて並べ替えて文を作りなさい。

(1) 劉さんは王さんより3つ年上です。
〔三岁／大／小刘／小王／。〕　※小刘 Xiǎo-Liú（劉さん／くん）

(2) 今日は昨日ほど寒くありません。
〔那么／今天／冷／昨天／。〕　※冷 lěng（寒い）

4 次の日本語を中国語に訳しなさい。

(1) 泰山は黄山ほど高くありません。

(2) 私は王さんと同い歳です。

リスニング

基本練習

1 発音された順に（　）に番号をつけなさい。♪ 166

　（　）
　（　）
　（　）

　（　）
　（　）
　（　）

2 音声を簡体字で書き取りなさい。♪ 167

(1) _____

(2) _____

(3) _____

3 P.64の会話の内容について中国語で質問します。質問を聞きとり中国語で答えなさい。♪ 168

(1) _____

(2) _____

4 次の音声を聞いて答えとなるものに○をつけなさい。♪ 169

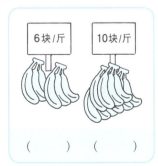
（　）（　）

※年轻 niánqīng（若い）
（　）（　）

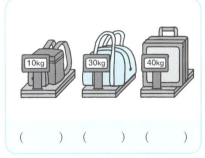
（　）（　）（　）

Hint　búguò　dà　gōngjīn　jiàn　mǎi　niánqīng　gōngjīn　piányi　suì　xiāngjiāo　xíngli　zhòng

Lesson 10

67

Lesson 11

趣味を話す（〜するのが好き）

Story 好きなスポーツについて話しています。 ♪170

鈴木： 你 对 什么 感 兴趣？
Nǐ duì shénme gǎn xìngqù?

张明： 我 喜欢 打 羽毛球。
Wǒ xǐhuan dǎ yǔmáoqiú.

你 会 打 羽毛球 吗？
Nǐ huì dǎ yǔmáoqiú ma?

鈴木： 我 不 会。你 教教 我 吧。
Wǒ bú huì. Nǐ jiāojiao wǒ ba.

张明： 好 啊。
Hǎo a.

这个 周末 去 打，怎么样？
Zhèige zhōumò qù dǎ, zěnmeyàng?

鈴木： 不 好 意思，周末 我 有 事，不 能 去。
Bù hǎo yìsi, zhōumò wǒ yǒu shì, bù néng qù.

张明： 那 改 天 一起 去 吧。
Nà gǎi tiān yìqǐ qù ba.

鈴木： 好，我 给 你 打 电话 吧。
Hǎo, wǒ gěi nǐ dǎ diànhuà ba.

新出单语 ♪171

- 对 duì 〜について、〜に対して
- 感兴趣 gǎn xìngqù 興味を感じる
- 打 dǎ （球技等を）する、（電話を）かける
- 羽毛球 yǔmáoqiú バドミントン
- 会 huì 〜できる
- 教 jiāo 教える
- 这个 zhèige これ
- 周末 zhōumò 週末
- 不好意思 bù hǎo yìsi すみません
- 事 shì こと、用事
- 能 néng 〜できる
- 改天 gǎi tiān 日を改める、後日
- 给 gěi 〜に
- 电话 diànhuà 電話

文法 Point ポイント

1　助動詞 "能" "会"　♪172

"能〜"　（[能力や条件があって] 〜できる）

A: 你能跑多少公里?
Nǐ néng pǎo duōshao gōnglǐ?

B: 我能跑四十公里。
Wǒ néng pǎo sìshí gōnglǐ.

◆能力があってできる "能" は具体的な数値が伴うことが多い。

A: 今天你能来吗?
Jīntiān nǐ néng lái ma?

B: 我没时间，不能去。
Wǒ méi shíjiān, bù néng qù.

"会〜"　（[習得して] 〜できる）

A: 你会不会说英语?
Nǐ huì bu huì shuō Yīngyǔ?

B: 我不会说英语。
Wǒ bú huì shuō Yīngyǔ.

2　介詞 "对"（〜ついて）・"给"（〜に）　♪173

主語 + "对" + 物 + 動詞（+ 目的語）　（〜は…について〜する）

A: 你对音乐感兴趣吗?
Nǐ duì yīnyuè gǎn xìngqù ma?

B: 我对音乐很感兴趣。
Wǒ duì yīnyuè hěn gǎn xìngqù.

主語 + "给" + 人 + 動詞（+ 目的語）　（〜は…に〜する）

A: 晚上我给你打电话，好吗?
Wǎnshang wǒ gěi nǐ dǎ diànhuà, hǎo ma?

B: 你有什么事?
Nǐ yǒu shénme shì?

3　動詞の重ね型　♪174

▶動詞を二回繰り返すことで、「ちょっと〜する」、場合によっては「試しに〜してみる」という意味を表すことができます。 後ろは軽声で読まれます。

A: 你尝尝这个吧。
Nǐ chángchang zhèige ba.

B: 很好吃!
Hěn hǎochī!

A: 我们在这儿休息休息吧。
Wǒmen zài zhèr xiūxixiūxi ba.

B: 好啊。
Hǎo a.

◥ 補充単語　♪175

☐ 跑 pǎo　走る
☐ 公里 gōnglǐ　キロメートル
☐ 时间 shíjiān　時間

☐ 说 shuō　話す
☐ 英语 Yīngyǔ　英語
☐ 音乐 yīnyuè　音楽

☐ 尝 cháng　味わう
☐ 休息 xiūxi　休憩する

Lesson 11

文法練習

1 フレーズを覚えよう ──「趣味」 ♪176

2 次のピンインを漢字にしなさい。

(1) Nǐ míngtiān néng lái ma?

(2) Nǐ kànkan zhèige ba.

3 〔 　〕内の語句に1語加えて並べ替えて文を作りなさい。

(1) 私は卓球ができます。
　〔 乒乓球 ／ 我 ／ 打 ／ 。〕

(2) あなたはテレビドラマに興味がありますか。
　〔 兴趣 ／ 你 ／ 感 ／ 吗 ／ 电视剧 ／ ？〕　※电视剧 diànshìjù（テレビドラマ）

4 次の日本語を中国語に訳しなさい。

(1) あなたはスキーができますか。

(2) 私たちちょっと音楽を聴きましょう。

リスニング

基本練習

1 発音された順に（　）に番号をつけなさい。ただし読まないイラストが2つあります。♪177

(　　)

(　　)

(　　)

(　　)

(　　)

(　　)

(　　)

(　　)

2 音声を簡体字で書き取りなさい。♪178

(1) ＿＿＿＿＿＿＿＿＿＿＿＿＿＿＿＿＿＿＿＿

(2) ＿＿＿＿＿＿＿＿＿＿＿＿＿＿＿＿＿＿＿＿

(3) ＿＿＿＿＿＿＿＿＿＿＿＿＿＿＿＿＿＿＿＿

3 P.68の会話の内容について中国語で質問します。質問を聞きとり中国語で答えなさい。♪179

(1) ＿＿＿＿＿＿＿＿＿＿＿＿＿＿＿＿＿＿＿＿

(2) ＿＿＿＿＿＿＿＿＿＿＿＿＿＿＿＿＿＿＿＿

発展練習

4 2人の会話を聞いて関連のある人と物を線で結びなさい。♪180

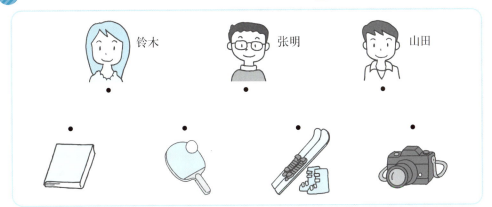

Hint　duì　gǎn xìngqù　huáxuě　huì　kàn shū　xǐhuan　zhàoxiàng

Lesson 11

Lesson 12

北京駅への行き方 （〜にはどう行けば良いですか）

Story 北京駅に行きたい鈴木さん、道がいまいちわかりません。

鈴木： 请问， 我 想 去 北京 站，
　　　Qǐngwèn, wǒ xiǎng qù Běijīng zhàn,

　　　怎么 走？
　　　zěnme zǒu?

路人： 你 坐 地铁 去 吧。
　　　Nǐ zuò dìtiě qù ba.

鈴木： 地铁 站 离 这儿 远 不 远？
　　　Dìtiě zhàn lí zhèr yuǎn bu yuǎn?

路人： 不太 远。
　　　Bútài yuǎn.

鈴木： 从 这儿 到 地铁 站 要 多
　　　Cóng zhèr dào dìtiě zhàn yào duō

　　　长 时间？
　　　cháng shíjiān?

路人： 要 走 十五 分钟。
　　　Yào zǒu shíwǔ fēnzhōng.

新出単語 182

- 请问 qǐngwèn お尋ねします、すみません
- 北京站 Běijīng zhàn 北京駅
- 怎么 zěnme どうやって、どのように
- 路人 lùrén 通行人
- 走 zǒu 歩く、行く
- 坐 zuò 乗る、(交通手段)〜で
- 地铁 dìtiě 地下鉄
- 地铁站 dìtiě zhàn 地下鉄の駅
- 离 lí 〜から
- 远 yuǎn 遠い
- 不太 bútài あまり〜ない
- 从 cóng 〜から
- 到 dào 〜まで
- 要 yào 要する、かかる
- 多长时间 duō cháng shíjiān どれくらいの時間
- 分钟 fēnzhōng 〜分間

文法 Point ポイント

1 介詞 "离" "从" "到"

♪ 183

A +"离"+ B +"远 / 近" （A は B から遠い / 近い）

A: 你家离大学远吗?
Nǐ jiā lí dàxué yuǎn ma?

B: 我家离大学很远。
Wǒ jiā lí dàxué hěn yuǎn.

A: 你家离大学远不远?
Nǐ jiā lí dàxué yuǎn bu yuǎn?

B: 不远。坐地铁要半个小时。
Bù yuǎn. Zuò dìtiě yào bàn ge xiǎoshí.

"从"+ A +"到"+ B +〜 （A から B まで〜する）

▶ A と B には場所または時間を表す表現が置かれます。

A: 从北京到上海要多长时间?
Cóng Běijīng dào Shànghǎi yào
duō cháng shíjiān?

B: 坐飞机要两个小时左右。
Zuò fēijī yào liǎng ge xiǎoshí zuǒyòu.

A: 你每天都有课吗?
Nǐ měi tiān dōu yǒu kè ma?

B: 从星期一到星期五都有课。
Cóng xīngqīyī dào xīngqīwǔ dōu yǒu kè.

2 疑問詞 "怎么"

♪ 184

"怎么"+ 動詞 （どのように〜するか）

A: 这个菜怎么吃?
Zhèige cài zěnme chī?

B: 这样吃。
Zhèyàng chī.

3 動作時間の長さ

♪ 185

動詞 +《数量》+（目的語）

A: 你每天看几个小时电视?
Nǐ měi tiān kàn jǐ ge xiǎoshí diànshì?

B: 我每天看三个小时。
Wǒ měi tiān kàn sān ge xiǎoshí.

◆ 人称代名詞が目的語になる場合は 動詞 + 目的語 +《数量》の語順になります。

等了他两个小时。
Děngle tā liǎng ge xiǎoshí.

◆ 時点と時量（時間の長さ）の違い

時点	两点 （2時） liǎng diǎn	二号 （2日） èr hào	二月 （2月） èr yuè
時量	两个小时 （2時間） liǎng ge xiǎoshí	两天 （2日間） liǎng tiān	两个月 （2ヶ月間） liǎng ge yuè

補充単語 ♪ 186

☐ 小时 xiǎoshí 時間
☐ 飞机 fēijī 飛行機
☐ 每天 měi tiān 毎日
☐ 左右 zuǒyòu ぐらい
☐ 课 kè 授業
☐ 电视 diànshì テレビ
☐ 等 děng 待つ
☐ 这样 zhèyàng このように

73

文法練習

1 単語を覚えよう ──「街なか」 ♪187

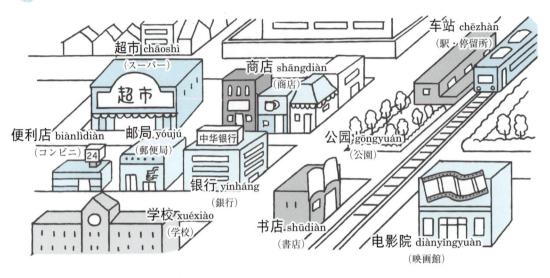

2 次のピンインを漢字にしなさい。

(1) Wǒ jiā lí chēzhàn hěn jìn.

(2) Cóng chēzhàn dào xuéxiào yào duō cháng shíjiān?

3 〔　〕内の語句に1語加えて並べ替えて文を作りなさい。

(1) 姉は毎日8時から12時までアルバイトをしています。　※打工 dǎgōng（アルバイトする）
〔八点／十二点／打工／每天／姐姐／从／。〕

(2) 銀行はここから遠いです。
〔银行／远／这儿／很／。〕

4 次の日本語を中国語に訳しなさい。

(1) ここから郵便局まで10分かかります。

(2) 私は今日1時間走りました。　※跑 pǎo（走る）

74

リスニング

基本練習

1. 発音された順に（　）に番号をつけなさい。ただし読まれないイラストが2つあります。 ♪188

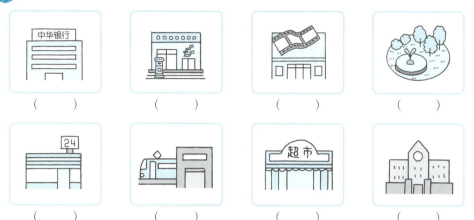

2. 音声を簡体字で書き取りなさい。 ♪189

(1) ....

(2) ....

(3) ....

3. P.72の会話の内容について中国語で質問します。質問を聞きとり中国語で答えなさい。 ♪190

(1) ....

(2) ....

発展練習

4. 地図を見て質問に答えなさい。 ♪191

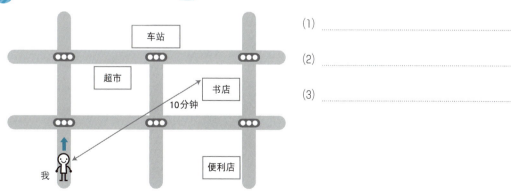

(1) ....

(2) ....

(3) ....

Hint　biànlìdiàn　chāoshì　chēzhàn　cóng　dào　jìn　lí　shūdiàn　yuǎn

Lesson 13

自分の経験（〜したことありますか）

Story 張君が四川に行ったときの話を聞きました。 192

鈴木： 你 去过 四川 吗?
　　　 Nǐ qùguo Sìchuān ma?

张明： 我 去过。
　　　 Wǒ qùguo.

鈴木： 听说 那儿 有 大熊猫 研究 中心。
　　　 Tīngshuō nàr yǒu Dàxióngmāo Yánjiū Zhōngxīn.

张明： 我 去过 一 次。
　　　 Wǒ qùguo yí cì.

鈴木： 真 羡慕 你! 我 很 想 去 看看。
　　　 Zhēn xiànmù nǐ! Wǒ hěn xiǎng qù kànkan.

　　　 你 是 什么 时候 去 的?
　　　 Nǐ shì shénme shíhou qù de?

张明： 是 高中 的 时候 去 的。
　　　 Shì gāozhōng de shíhou qù de.

鈴木： 怎么 去 的? 坐 飞机 去 的 吗?
　　　 Zěnme qù de? Zuò fēijī qù de ma?

张明： 坐 火车 去 的。
　　　 Zuò huǒchē qù de.

新出単語 193

- 过 guo 〜したことがある
- 四川 Sìchuān 四川
- 听说 tīngshuō 聞くところによると〜だそうだ
- 那儿 nàr そこ
- 大熊猫研究中心 Dàxióngmāo Yánjiū Zhōngxīn パンダ研究センター
- 次 cì 〜回
- 羡慕 xiànmù うらやましく思う
- 什么时候 shénme shíhou いつ
- 高中 gāozhōng （"高级中学"の略）高校
- 时候 shíhou 〜の時
- 飞机 fēijī 飛行機
- 火车 huǒchē 列車

文法 Point ポイント

1 経験 "过"

`"～过"＋目的語` （～したことがある） ♪194

`"没(有)"～"过"＋目的語` （～したことがない）

A: 你去过美国吗?
　　Nǐ qùguo Měiguó ma?

B: 我去过美国。
　　Wǒ qùguo Měiguó.

A: 四川菜你吃过没有?
　　Sìchuāncài nǐ chīguo méiyǒu?

B: 我还没吃过。
　　Wǒ hái méi chīguo.

◆ 反復疑問文は"～过没有?"という形になります。

2 動作の回数

♪195

`動詞＋《数量》＋(目的語)` （《数量》の回数だけ～する。）

A: 你吃过几次北京烤鸭?
　　Nǐ chīguo jǐ cì Běijīng kǎoyā?

B: 我吃过两次。
　　Wǒ chīguo liǎng cì.

`動詞＋目的語(人称代名詞)＋《数量》`

A: 你认识他吗?
　　Nǐ rènshi tā ma?

B: 我以前见过他一次。
　　Wǒ yǐqián jiànguo tā yí cì.

◆ "了"や"过"は動詞の直後、数量表現よりも前に置かれます。

3 "(是)～的"

`(是)＋[時・場所・動作主・方法]＋動詞(＋目的語)＋"的"` （～したのだ） ♪196

> 実現済みのことについてこの部分を強調

A: 你是什么时候来北京的?
　　Nǐ shì shénme shíhou lái Běijīng de?

B: 我是今天来的。
　　Wǒ shì jīntiān lái de.

A: 你怎么来的?
　　Nǐ zěnme lái de?

B: 我坐飞机来的。
　　Wǒ zuò fēijī lái de.

◆ 肯定文では"是"は省略可能です。ただし否定文は省略できません。
◆ 目的語は"的"の後ろに置くこともあります。

　　你是什么时候来的北京?
　　Nǐ shì shénme shíhou lái de Běijīng?

補充単語 ♪197

 认识 rènshi 知り合う　　□ 以前 yǐqián 以前

文法練習

1 フレーズを覚えよう ──「交通手段」 ♪ 198

坐飞机 zuò fēijī （飛行機に乗る）	坐地铁 zuò dìtiě （地下鉄に乗る）	坐公交车 zuò gōngjiāochē （バスに乗る）	坐高铁 zuò gāotiě （高速鉄道に乗る）
坐船 zuò chuán （船に乗る）	骑自行车 qí zìxíngchē （自転車に乗る）	开车 kāichē （運転する）	打的 dǎdī （タクシーに乗る）

2 次のピンインを漢字にしなさい。

(1) Wǒ zuòguo yí cì fēijī.

_____

(2) Tā shì zuò dìtiě lái de.

_____

3 〔　〕内の語句に１語加えて並べ替えて文を作りなさい。

(1) あなたはパンダを見たことがありますか。
　　〔大熊猫／你／吗／看／？〕

_____

(2) 彼は友達と一緒に行ったのです。
　　〔是／跟／他／去／一起／朋友／。〕

_____

4 次の日本語を中国語に訳しなさい。

(1) 私は高速鉄道に乗ったことがありません。

_____

(2) 彼女はアメリカに２度行ったことがあります。

_____

78

リスニング

基本練習

1 発音された順に(　)に番号をつけなさい。ただし読まないイラストが2つあります。 ♪199

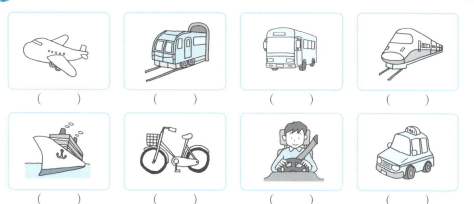

2 音声を簡体字で書き取りなさい。 ♪200

(1) _____

(2) _____ ※比赛 bǐsài（試合）

(3) _____

3 P.76の会話の内容について中国語で質問します。質問を聞きとり中国語で答えなさい。 ♪201

(1) _____

(2) _____

発展練習

4 会話を聞いて線を結びなさい。 ♪202

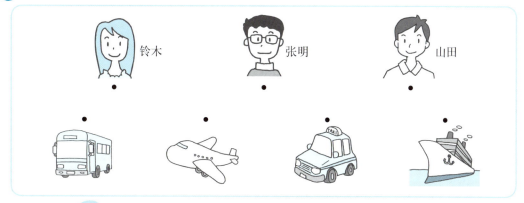

Hint　chuán　dǎdī　fēijī　gēn　gōngjiāochē　qùnián　tóngxué　Shànghǎi　zěnme　zuò

Lesson 14

誕生日を過ごす（本当に楽しい）

Story 今日は鈴木さんの誕生日、張君が誕生日を祝ってくれるようです。 ♪203

张明： 你 在 干 什么 呢?
　　　 Nǐ　zài　gàn　shénme　ne?

铃木： 我 在 看 电视 呢。
　　　 Wǒ　zài　kàn　diànshì　ne.

张明： 今天 是 你 的 生日 吧。
　　　 Jīntiān　shì　nǐ　de　shēngrì　ba.

　　　 大家 都 在 等 你 呢。
　　　 Dàjiā　dōu　zài　děng　nǐ　ne.

铃木： 哎哟，我 差点儿 忘 了。
　　　 Āiyō,　wǒ　chàdiǎnr　wàng　le.

＊＊＊＊

张明： 生日 快乐！
　　　 Shēngrì　kuàilè!

　　　 我 送 你 一 件 礼物！
　　　 Wǒ　sòng　nǐ　yí　jiàn　lǐwù!

铃木： 啊，谢谢！
　　　 À,　xièxie!

　　　 我 今天 过得 真 开心 啊。
　　　 Wǒ　jīntiān　guòde　zhēn　kāixīn　a.

新出単語 ♪204

- 干 gàn　する
- 呢 ne　進行・持続のニュアンスを表す
- 电视 diànshì　テレビ
- 生日 shēngrì　誕生日
- 大家 dàjiā　皆
- 等 děng　待つ
- 哎哟 āiyō　あっ
- 差点儿 chàdiǎnr　もうちょっとで
- 忘 wàng　忘れる
- 生日快乐 shēngrì kuàilè　お誕生日おめでとう
- 送 sòng　贈る、プレゼントする
- 件 jiàn　プレゼントを数える
- 礼物 lǐwù　プレゼント
- 啊 à　感嘆・感心を表す
- 谢谢 xièxie　ありがとう
- 过 guò　過ごす
- 得 de　動詞・形容詞の後ろに用い、その様子・程度を表す言葉を導く
- 开心 kāixīn　楽しい

文法 Point ポイント

1 二重目的語 　動詞 ＋ A ＋ B 　（A に B を～する） 　♪ 205

▶ 中国語の動詞は通常 1 つの目的語しかとることができませんが、"教 jiāo"、"告诉 gàosu"、"给 gěi"、"送 sòng" などの一部の動詞は目的語を 2 つとることができます。

A: 谁教你们汉语?
Shéi jiāo nǐmen Hànyǔ?

B: 李老师教我们汉语。
Lǐ lǎoshī jiāo wǒmen Hànyǔ.

A: 我送了他一件生日礼物。
Wǒ sòngle tā yí jiàn shēngrì lǐwù.

B: 他喜欢吗?
Tā xǐhuan ma?

2 進行形 　♪ 206

▶ 動作の進行を表します。

"(正)在"～"呢" 　（～しているところだ）

A: 他在做作业吗?
Tā zài zuò zuòyè ma?

B: 他在玩儿游戏呢。
Tā zài wánr yóuxì ne.

3 動作の様子・程度を言う表現 　♪ 207

主語 ＋ 動詞 ＋"得"〔形容詞・文〕 　（～するのが…だ）

　　　　動作の様子や程度をここで説明

A: 他唱得怎么样?
Tā chàngde zěnmeyàng?

B: 他唱得很好。
Tā chàngde hěn hǎo.

主語 ＋ 動詞 ＋ 目的語 ＋ 動詞 ＋"得"〔形容詞・文〕 　（○○を～するのが…だ）

　　　　同じ動詞

A: 你说汉语说得真棒!
Nǐ shuō Hànyǔ shuōde zhēn bàng!

B: 哪里哪里。 还不行呢。
Nǎli nǎli. 　Hái bùxíng ne.

▶ 最初の動詞は省略が可能です。

你汉语说得真棒!
Nǐ Hànyǔ shuōde zhēn bàng!

・補充単語 　♪ 208

□ 教 jiāo 　教える
□ 作业 zuòyè 　宿題
□ 玩儿 wánr 　遊ぶ

□ 游戏 yóuxì 　ゲーム
□ 唱 chàng 　歌う
□ 棒 bàng 　すばらしい

□ 哪里哪里 nǎli nǎli 　とんでもない
□ 不行 bùxíng 　よくない

81

文法練習

1 フレーズを覚えよう ──「〜するのが〜だ」 ♪209

唱得很好 chàngde hěn hǎo （歌が上手い）	吃得很多 chīde hěn duō （食べる量が多い）	跑得非常快 pǎode fēicháng kuài （走るのが非常に早い）
画得不太好 huàde bú tài hǎo （描くのがあまりうまくない）	起得很早 qǐde hěn zǎo （起きるのが早い）	说得很流利 shuōde hěn liúlì （話すのが流ちょう）

2 次のピンインを漢字にしなさい。

(1) Tā zài zuò wǎnfàn.

(2) Lǎoshī shuōde fēicháng kuài.

3 〔　〕内の語句に<u>1 語加えて</u>並べ替えて文を作りなさい。

(1) 弟はゲームをしているところです。
〔玩儿／弟弟／游戏／。〕

(2) この料理はまあまあの出来です。
〔做／这个／还可以／菜／。〕

4 次の日本語を中国語に訳しなさい。

(1) 妹は歌があまり上手くない。

(2) 彼は私たちに中国語を教えます。

リスニング

基本練習

1 発音された順に（ ）に番号をつけなさい。 ♪210

( )

( )

( )

( )

( )

( )

2 音声を簡体字で書き取りなさい。 ♪211

(1) ………………………………………………………………… ※杂志 zázhì（雑誌）

(2) …………………………………………………………………

(3) ………………………………………………………………… ※英语 Yīngyǔ（英語）

3 P.80 の会話の内容について中国語で質問します。質問を聞きとり中国語で答えなさい。 ♪212

(1) …………………………………………………………………

(2) …………………………………………………………………

発展練習

4 イラストの状況について質問に答えなさい。 ♪213

Hint　cài　chàng gē　qǐ　zuò　zěnmeyàng

83

文法まとめ

◆は本教科書では出ていないが続けて勉強する場合は押さえておきたい項目

基本文型

動詞述語文	我吃中国菜。	（私は中華料理を食べます。）
	我不吃中国菜。	（私は中華料理を食べません。）
形容詞述語文	今天很热。	（今日は暑い。）
	今天不热。	（今日は暑くない。）
名詞述語文	今天八月三号。	（今日は8月3日です。）
	我二十岁。	（私は20歳です。）
◆主述述語文	我工作很忙。	（私は仕事が忙しい。）
	我工作不忙。	（私は仕事が忙しくない。）

いろいろな文型

連動文	我去超市买东西。	（私はスーパーに行って買い物をします。）
	我不去超市买东西。	（私はスーパに買い物に行きません。）
動作の進行	我正在看电视呢。	（私はテレビを見ているところです。）
	我没(在)看电视。	（私はテレビを見ていません。）
比較	这个比那个大。	（これはあれより大きいです。）
	这个没有那个大。	（これはあれほど大きくありません。）
	这个跟那个一样大。	（これはあれと同じぐらい大きいです。）
"是～的"文	我(是)今天来的。	（私は今日来たのです。）
	我不是今天来的。	（私は今日来たのではありません。）
二重目的語	王老师教我们汉语。	（王先生は私たちに中国語を教えてくれます。）
完了	我吃饭了。	（私はご飯を食べました。）
	我没(有)吃饭。	（私はご飯を食べなかった。／私はご飯を食べていない。）
	我学了一年汉语。	（私は中国語を1年勉強しました。）
	我学了一年汉语了。	（私は中国語を勉強して1年になります。）
経験	我学过汉语。	（私は中国語を勉強したことがあります。）
	我没学过汉语。	（私は中国語を勉強したことはありません。）
助動詞	我想学汉语。	（私は中国語を勉強したい。）
	我要喝咖啡。	（私はコーヒーを飲みたい。）
	我不想去医院。	（私は病院に行きたくない。）
	我会说汉语。	（私は中国語を話すことができます。）
	我能游一千米。	（私は1000メートル泳ぐことができます。）
	今天天气好，能游泳。	（今日は天気がいいので泳ぐことができます。）
	◆这里可以游泳。	（ここは泳いでも構いません。）

84

疑問文

諾否疑問文	你<u>在</u>学校<u>吗</u>?	（あなたは学校にいますか。）
反復疑問文	你<u>在不在</u>家?	（あなたは家にいますか。）
	你<u>能不能</u>来?	（あなたは来ることができますか。）
選択疑問文	你喝咖啡<u>还是</u>喝红茶?	（あなたはコーヒーを飲みますか、それとも紅茶を飲みますか。）
	你是大学生<u>还是</u>高中生?	（あなたは大学生ですか、それとも高校生ですか。）
省略疑問文	我去，你<u>呢</u>?	（私は行きますが、あなたは？）

疑問詞疑問文

いつ	你<u>什么时候</u>去学校?	（あなたはいつ学校に行きますか。）
なんじ	<u>几点</u>上课?	（何時に授業が始まりますか。）
どこ	你去<u>哪儿</u>?	（あなたはどこに行くつもりですか。）
◆どこ	你在<u>什么地方</u>?	（あなたはどこにいますか。）
だれ	<u>谁</u>是你们的老师?	（誰があなたたちの先生ですか。）
どのように	你每天<u>怎么</u>来学校?	（あなたは毎日どうやって学校に来ますか。）
◆どうして・なぜ	你明天<u>怎么</u>不来学校?	（あなたは明日どうして学校に来ないのですか。）
なに	你喝<u>什么</u>?	（あなたは何を飲みますか。）
どれ	<u>哪个</u>是你的包?	（どれがあなたのカバンですか。）
どう	这件衣服<u>怎么样</u>?	（この服はどうですか。）

介詞（前置詞）

～で、～に	我<u>在</u>大学学习。	（私は大学で勉強します。）
～から、～まで	我家<u>离</u>车站不远。	（私の家は駅まで遠くありません。）
～から	他<u>从</u>学校回来了。	（彼は学校から帰って来ました。）
	我<u>从</u>明天开始上课。	（私は明日から授業が始まります。）
～に	我<u>给</u>你打电话。	（私はあなたに電話をかけます。）
～に対して	他<u>对</u>中国感兴趣。	（私は中国に興味があります。）
～と、～に	我<u>跟</u>父母一起去。	（私は両親と一緒に行きます。）
◆～に向かって、～のほうへ	一直<u>往</u>前走。	（ずっとまっすぐ行きます。）
◆～のために	<u>为</u>大家的健康干杯!	（皆さんの健康を祈って、乾杯！）
◆～を（～する）	我<u>把</u>手机丢了。	（私は携帯電話を失くしました。）

85

副詞まとめ

～も	我<u>也</u>是留学生。	（私も留学生です。）
みんな	我们<u>都</u>是留学生。	（私たちはみな留学生です。）
いっしょに	我们<u>一起</u>吃饭吧。	（私たち一緒に食事をしましょう。）
全部で	<u>一共</u>三十八块。	（全部で38元です。）
もう	我<u>已经</u>吃完了。	（私はもう食べ終わりました。）
とても	昨天<u>很</u>冷。	（昨日は寒いです。）
	我<u>很</u>喜欢熊猫。	（私はとてもパンダが好きです。）
非常に	今天<u>非常</u>热。	（今日は非常に暑い。）
本当に	上海<u>真</u>热闹。	（上海は本当に賑やかです。）
あまり～でない	这个菜<u>不太</u>甜。	（この料理はあまり甘くない。）

量詞まとめ

个 ge	広く個体を数える	钱包 qiánbāo （財布）	辆 liàng	車両	汽车 qìchē （自動車） 自行车 zìxíngchē （自転車）
位 wèi	人を丁寧に数える	人 rén （人） 客人 kèren （お客）	只 zhī	動物	狗 gǒu （犬） 猫 māo （猫）
张 zhāng	平面が目立つもの	桌子 zhuōzi （机） 照片 zhàopiàn （写真）	只 zhī	ペアの片方	手 shǒu （手） 鞋 xié （靴）
件 jiàn	衣類や事柄	衣服 yīfu （服） 事 shì （用事）	双 shuāng	ペアのもの	筷子 kuàizi （箸） 鞋 xié （靴）
本 běn	書籍類	书 shū （本） 词典 cídiǎn （辞書）	副 fù	対になっているもの	眼镜 yǎnjìng （メガネ）
条 tiáo	細長いもの	裤子 kùzi （ズボン） 路 lù （道）	杯 bēi	カップを単位に数える	茶 chá （お茶） 水 shuǐ （水）
支 zhī	棒状の物	笔 bǐ （ペン） 铅笔 qiānbǐ （鉛筆）	瓶 píng	ビンを単位に数える	酒 jiǔ （お酒）
把 bǎ	取っ手のあるもの	伞 sǎn （傘） 椅子 yǐzi （イス）	碗 wǎn	碗を単位に数える	饭 fàn （ご飯）
块 kuài	かたまりのもの	面包 miànbāo （パン） 肉 ròu （肉）			

続けて勉強する人に覚えてもらいたい文法項目

■ **主述述語文**… 「象は鼻が長い」のように述語の部分が「主語＋述語」という構造になっている文を指します。

我工作很忙。　　　（私は仕事が忙しいです。）

今天天气真好。　　（今日は天気が本当に良いです。）

■ **結果補語**… 看完（見終わる）吃饱（食べて満腹になる）のように動詞の後ろについて動作の結果を表します。否定文は"没"を動詞の前につけます。

你吃饱了吗?　　　　（あなたは満腹になりましたか。）

我没吃饱。　　　　　（私は満腹ではありません。）

作业做完了吗?　　　（宿題はやり終えましたか。）

老师的话我没听懂。　（先生の話、聞いて分かりませんでした。）

■ **方向補語**… 動作の方向を表す

動詞の後ろに方向を表す動詞を付けて動作や行為の方向を示します。

動詞＋来/去

我拿来了。　　　　　（私は持ってきました。）

動詞＋{上/下/进/出/回/过/起}

你们快坐下。　　　　（はやく座りなさい。）

動詞＋{上/下/进/出/回/过/起}＋来/去

他跑回来了。　　　　（彼は走って戻ってきました。）

他跑进教室去了。　　（彼は教室に走って入って行きました。）

■ **可能補語**… 動詞と結果補語・方向補語の間に"得"・"不"を置き、可能、不可能を示します。

老师说的话，我听不懂。　　（先生の話、聞いて理解することができません。）

你看得懂中文报吗?　　　　（あなたは中国語の新聞を読んで理解することできますか。）

我这个周末特别忙，回不来。　（この週末は特に忙しくて帰ってくることができません。）

■ **使役文**

Ａ＋"让"＋Ｂ＋動詞　（ＡがＢに〜させる）（ＡがＢに〜するように言う）

否定は"不/没"を"让"の前に置きます。

老师让你做作业。　　（先生はあなたに宿題をするように言う。）

我妈不让我看漫画。　（母は私に漫画を見ないように言う。）

87

■ 受身文

Ａ＋"被"＋Ｂ＋動詞＋α　(ＡはＢに〜される)

我的钱包<u>被</u>小偷儿偷了。　　　(わたしの財布はスリに盗まれました。)

我的手机<u>被</u>偷了。　　　　　(わたしの携帯電話は盗まれました。)

▶Ｂは省略することもあります。

■ 文末の"了"

文末に"了"をおいて、新たな変化を生じたことを表します。

我的病好<u>了</u>。　　　　　　(私の病気はよくなりました。)

■ "不〜了"

"不〜了"の形で「〜するのをやめる」、「しないことにする」という意味になります。

我<u>不</u>去<u>了</u>。　　　　　(私は行かないことにしました。)

■ "有点儿"と"一点儿"

いずれも「少し」という意味を表しますが、使い方やニュアンスが異なります。

"有点儿"＋形容詞

今天<u>有点儿</u>热。　　　　(今日は少し暑い)

▶望ましくないことを表現するときに使います。

形容詞＋"一点儿"

今天比昨天热<u>一点儿</u>。　　(今日は昨日より少し暑い)

▶客観的な比較で使います。

世界地図を見てみよう

美国 Měiguó	(アメリカ)	朝鲜 Cháoxiǎn	(北朝鮮)	新西兰 Xīnxīlán	(ニュージーランド)
英国 Yīngguó	(イギリス)	新加坡 Xīnjiāpō	(シンガポール)	菲律宾 Fēilǜbīn	(フィリピン)
意大利 Yìdàlì	(イタリア)	瑞士 Ruìshì	(スイス)	巴西 Bāxī	(ブラジル)
印度 Yìndù	(インド)	瑞典 Ruìdiǎn	(スウェーデン)	法国 Fǎguó	(フランス)
埃及 Āijí	(エジプト)	西班牙 Xībānyá	(スペイン)	越南 Yuènán	(ベトナム)
澳大利亚 Àodàlìyà	(オーストラリア)	泰国 Tàiguó	(タイ)	南非 Nánfēi	(南アフリカ)
加拿大 Jiānádà	(カナダ)	中国 Zhōngguó	(中国)	蒙古 Měnggǔ	(モンゴル)
韩国 Hánguó	(韓国)	德国 Déguó	(ドイツ)	俄罗斯 Éluósī	(ロシア)

89

日本地図を見てみよう

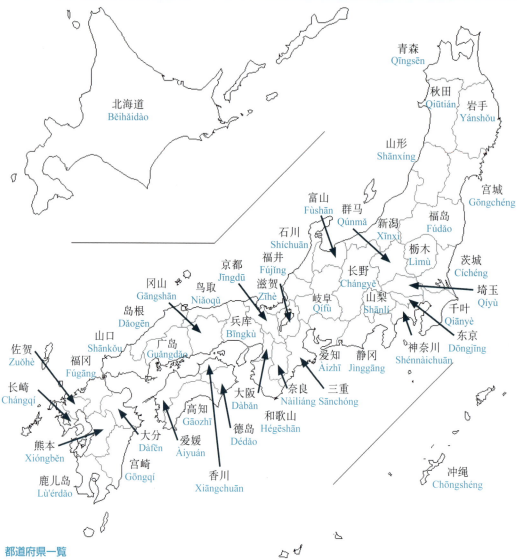

都道府県一覧

北海道 Běihǎidào	埼玉县 Qíyùxiàn	岐阜县 Qífùxiàn	鸟取县 Niǎoqǔxiàn	佐贺县 Zuǒhèxiàn
青森县 Qīngsēnxiàn	千叶县 Qiānyèxiàn	静冈县 Jìnggāngxiàn	岛根县 Dǎogēnxiàn	长崎县 Chángqíxiàn
岩手县 Yánshǒuxiàn	东京都 Dōngjīngdū	爱知县 Àizhīxiàn	冈山县 Gāngshānxiàn	大分县 Dàfēnxiàn
宫城县 Gōngchéngxiàn	神奈川县 Shénnàichuānxiàn	三重县 Sānchóngxiàn	广岛县 Guǎngdǎoxiàn	宫崎县 Gōngqíxiàn
秋田县 Qiūtiánxiàn	新潟县 Xīnxìxiàn	滋贺县 Zīhèxiàn	山口县 Shānkǒuxiàn	熊本县 Xióngběnxiàn
山形县 Shānxíngxiàn	富山县 Fùshānxiàn	京都府 Jīngdūfǔ	德岛县 Dédǎoxiàn	鹿儿岛县 Lù'érdǎoxiàn
福岛县 Fúdǎoxiàn	石川县 Shíchuānxiàn	大阪府 Dàbǎnfǔ	香川县 Xiāngchuānxiàn	冲绳县 Chōngshéngxiàn
茨城县 Cíchéngxiàn	福井县 Fújǐngxiàn	兵库县 Bīngkùxiàn	爱媛县 Àiyuánxiàn	
栃木县 Lìmùxiàn	山梨县 Shānlíxiàn	奈良县 Nàiliángxiàn	高知县 Gāozhīxiàn	
群马县 Qúnmǎxiàn	长野县 Chángyěxiàn	和歌山县 Hégēshānxiàn	福冈县 Fúgāngxiàn	

中国地図を見てみよう　〜省と周辺国

中国地図を見てみよう　〜都市・観光地

◆いろいろな単語

飲物

咖啡	kāfēi	コーヒー	可乐	kělè	コーラ
红茶	hóngchá	紅茶	矿泉水	kuàngquánshuǐ	ミネラルウォーター
牛奶	niúnǎi	牛乳	茉莉花茶	mòlihuāchá	ジャスミン茶
豆浆	dòujiāng	豆乳	乌龙茶	wūlóngchá	ウーロン茶
橙汁	chéngzhī	オレンジジュース	珍珠奶茶	zhēnzhū nǎichá	タピオカミルクティー

野菜

洋葱	yángcōng	玉ねぎ	土豆	tǔdòu	じゃがいも
胡萝卜	húluóbo	ニンジン	玉米	yùmǐ	トウモロコシ
茄子	qiézi	ナス	南瓜	nángua	かぼちゃ
西红柿	xīhóngshì	トマト	黄瓜	huánggua	キュウリ
青椒	qīngjiāo	ピーマン	白菜	báicài	白菜

果物

苹果	píngguǒ	りんご	芒果	mángguǒ	マンゴー
香蕉	xiāngjiāo	バナナ	草莓	cǎoméi	イチゴ
橘子	júzi	みかん	桃子	táozi	桃
葡萄	pútao	ぶどう	猕猴桃	míhóutáo	キウイ
菠萝	bōluó	パイナップル	西瓜	xīgua	スイカ

車両

汽车	qìchē	自動車	地铁	dìtiě	地下鉄
出租车	chūzūchē	タクシー	高铁	gāotiě	高速鉄道
火车	huǒchē	列車	自行车	zìxíngchē	自転車
电车	diànchē	電車・トロリーバス	摩托车	mótuōchē	バイク
公交车	gōngjiāochē	バス	救护车	jiùhùchē	救急車

職業

公司职员	gōngsī zhíyuán	会社員	厨师	chúshī	コック
老师	lǎoshī	教師	理发师	lǐfàshī	美容師
医生	yīshēng	医者	翻译	fānyì	翻訳者・通訳者
护士	hùshi	看護師	导游	dǎoyóu	ガイド
律师	lǜshī	弁護士	司机	sījī	運転手

身の回りの物

词典	cídiǎn	辞書	电脑	diànnǎo	パソコン
课本	kèběn	教科書	手机	shǒujī	携帯電話
圆珠笔	yuánzhūbǐ	ボールペン	充电器	chōngdiànqì	充電器
橡皮	xiàngpí	消しゴム	手表	shǒubiǎo	腕時計
书包	shūbāo	カバン	钱包	qiánbāo	財布

スポーツ

足球	zúqiú	サッカー	篮球	lánqiú	バスケットボール
网球	wǎngqiú	テニス	羽毛球	yǔmáoqiú	バドミントン
棒球	bàngqiú	野球	太极拳	tàijíquán	太極拳
排球	páiqiú	バレーボール	游泳	yóuyǒng	水泳
乒乓球	pīngpāngqiú	卓球	滑冰	huábīng	スケート

趣味

唱歌	chàng gē	歌を歌う	照相	zhàoxiàng	写真を撮る
看电影	kàn diànyǐng	映画を見る	画画儿	huà huàr	絵を描く
听音乐	tīng yīnyuè	音楽を聞く	跳舞	tiàowǔ	踊る
聊天儿	liáotiānr	おしゃべりをする	弹钢琴	tán gāngqín	ピアノを弾く
旅游	lǚyóu	旅行する			

形容詞

大	dà	大きい	⇔	小	xiǎo	小さい	快	kuài	速い	⇔	慢	màn	遅い
多	duō	多い	⇔	少	shǎo	少ない	厚	hòu	厚い	⇔	薄	báo	薄い
高	gāo	高い	⇔	矮	ǎi	低い	胖	pàng	太っている	⇔	瘦	shòu	痩せている
贵	guì	(価格が)高い	⇔	便宜	piányi	安い	冷	lěng	寒い	⇔	热	rè	暑い
长	cháng	長い	⇔	短	duǎn	短い	凉快	liángkuai	涼しい	⇔	暖和	nuǎnhuo	暖かい
重	zhòng	重い	⇔	轻	qīng	軽い	难	nán	難しい	⇔	容易	róngyi	簡単である
远	yuǎn	遠い	⇔	近	jìn	近い	干净	gānjìng	きれい	⇔	脏	zāng	汚い

漂亮	piàoliang	きれい	辣	là	辛い
好吃	hǎochī	おいしい	甜	tián	甘い
酸	suān	すっぱい	苦	kǔ	苦い

動作

吃	chī	食べる	学	xué	学ぶ
喝	hē	飲む	玩儿	wánr	遊ぶ
写	xiě	書く	去	qù	行く
看	kàn	見る、読む	来	lái	来る
念	niàn	読む	买	mǎi	買う
说	shuō	話す	卖	mài	売る
听	tīng	聞く	坐	zuò	座る、乗る
做	zuò	する	骑	qí	(自転車などに)乗る
走	zǒu	歩く	站	zhàn	立つ
跑	pǎo	走る	躺	tǎng	横になる
踢	tī	蹴る	穿	chuān	着る、はく
打	dǎ	打つ	脱	tuō	脱ぐ

単語索引［中国語］

数字は課を表し、数字の前の漢字はそれぞれ「発」＝発音、「発練」＝発展練習、「教室」＝教室用語、「会」＝会話、「文」＝文法ポイント、「練習」＝文法練習・リスニングを表します。発音編の「発・発練・教室」はそれぞれの初出箇所を掲載しています。本編はまず「会」の初出箇所を掲載し、「会」に掲載されていないものは、「文・練」の初出個所を掲載しました。

A

啊 à	⇒感嘆・感心を表す	会14
哎哟 āiyō	⇒あっ	会14

B

吧 ba	⇒～しよう	会3
把 bǎ	⇒（取っ手のあるものを数える）	文6
八 bā	⇒8	発練
爸爸 bàba	⇒お父さん	発2、文1
百 bǎi	⇒百	発6、会6
半 bàn	⇒30分、～半	会7
棒 bàng	⇒すばらしい	文14
棒球 bàngqiú	⇒野球	練11
报 bào	⇒新聞	練3
包 bāo	⇒カバン	練2
北京 Běijīng	⇒北京	会10
北京大学 Běijīng Dàxué	⇒北京大学	練8
北京烤鸭 Běijīng kǎoyā	⇒北京ダック	発練、文13、練9
北京站 Běijīng zhàn	⇒北京駅	会12
北京人 Běijīngrén	⇒北京出身	文1
本 běn	⇒（書籍類を数える）～冊	文6
比 bǐ	⇒～より	会10
笔 bǐ	⇒ペン	発5
便利店 biànlìdiàn	⇒コンビニ	会4
别 bié	⇒～するな	発6
冰箱 bīngxiāng	⇒冷蔵庫	文4
比赛 bǐsài	⇒試合	会14
不 bù	⇒～ない	会2、文1
不过 búguò	⇒しかし	会10
不好意思 bù hǎo yìsi	⇒すみません	会11
不客气 bú kèqi	⇒どういたしまして	表現
不谢 bú xiè	⇒どういたしまして	表現
不行 bùxíng	⇒よくない	文14
不知道 bù zhīdào	⇒分かりません	会2
不太 bútài	⇒あまり～ない	文9、会12

C

菜 cài	⇒料理、おかず	発6、会9、文3
菜单 càidān	⇒メニュー	文9
餐 cān	⇒食事	発7
操场 cāochǎng	⇒グラウンド	練4
草莓 cǎoméi	⇒イチゴ	発6
茶 chá	⇒お茶	文3
差不多 chàbuduō	⇒大して違わない	会10
差点儿 chàdiǎnr	⇒もうちょっとで	会14
尝 cháng	⇒味わう	文11
长 cháng	⇒長い	文10
唱 chàng	⇒歌う	発7、文14
长江 Chángjiāng	⇒（中国の川）長江	会10
炒饭 chǎofàn	⇒チャーハン	練9
超市 chāoshì	⇒スーパー	文8
衬衫 chènshān	⇒シャツ	練6
车站 chēzhàn	⇒駅	練8
吃 chī	⇒食べる	発5、会8、練3
重庆 Chóngqìng	⇒重慶	会10
出 chū	⇒出る	発5
船 chuán	⇒船	発7、練13
床 chuáng	⇒ベッド	発7
厨师 chúshī	⇒料理人	練5
次 cì	⇒～回	会13
词典 cídiǎn	⇒辞書	会3、練2
从 cóng	⇒～から	会12
醋 cù	⇒お酢	発5

D

大 dà	⇒大きい	発5、会5
打 dǎ	⇒（球技等を）する、（電話を）かける	会11
打的 dǎdī	⇒タクシーに乗る	練13
打工 dǎgōng	⇒アルバイトする	練7
大家 dàjiā	⇒皆	会14
打开 dǎkāi	⇒開ける	教室
到 dào	⇒（点呼に答えて）はい	教室
到 dào	⇒～まで	会12
导游 dǎoyóu	⇒旅行ガイド	練5

大熊猫研究中心 Dàxióngmāo Yánjiū Zhōngxīn
⇒パンダ研究センター　　会13

大学 dàxué　⇒大学　　文1

大学生 dàxuéshēng　⇒大学生　　練1

大衣 dàyī　⇒コート　　練6

的 de　⇒～の　　会1

得 de　⇒動詞・形容詞の後ろに用い、その
様子・程度を表す言葉を導く　　会14

等 děng　⇒待つ　　会14、文9

第 dì　⇒第～　　発9

点 diǎn　⇒注文する　　文3

点 diǎn　⇒～時　　会7

电话 diànhuà　⇒電話　　会11

点名 diǎnmíng　⇒点呼する、出席をとる　　教室

电视 diànshì　⇒テレビ　　会14、練3

点心 diǎnxin　⇒おやつ　　発7

电影 diànyǐng　⇒映画　　会7、文1

电影院 diànyǐngyuàn　⇒映画館　　練8

电子词典 diànzǐ cídiǎn　⇒電子辞書　　文5

弟弟 dìdi　⇒弟　　発練、文5

订 dìng　⇒予約する　　発7

地铁 dìtiě　⇒地下鉄　　会12、文8

地铁站 dìtiězhàn　⇒地下鉄の駅　　会12

东京 Dōngjīng　⇒東京　　会10

东西 dōngxi　⇒もの　　練3

对 duì　⇒その通りである　　発6、会1

对 duì　⇒～について、～に対して　　会11

对不起 duìbuqǐ　⇒すみません　　表現

对面 duìmiàn　⇒向かい　　会4

多 duō　⇒多い、～あまり　　発6、練14

多 duō　⇒どれくらい～　　会5

多长时间 duō cháng shíjiān
⇒どれくらいの時間　　会12

多了 duō le　⇒ずっと～　　会10

多少 duōshao　⇒どれくらい　　会6

多少钱 duōshao qián　⇒いくらですか　　会6

E

二 èr　⇒2　　発4

耳（＝耳朵）ěr (ěrduo)　⇒耳　　発4

F

饭 fàn　⇒ご飯　　会8

房间 fángjiān　⇒部屋　　発7

非常 fēicháng　⇒非常に　　練14

飞机 fēijī　⇒飛行機　　会13、文12

分钟 fēnzhōng　⇒～分間　　会12

福 fú　⇒福　　発5

服务员 fúwùyuán　⇒店員　　会6

G

改天 gǎi tiān　⇒日を改める、後日　　会11

干 gàn　⇒する　　会14

感兴趣 gǎn xìngqù　⇒興味を感じる　　会11

钢琴 gāngqín　⇒ピアノ　　練11

高 gāo　⇒高い　　文10

告诉 gàosu　⇒告げる、言う　　文14

高铁 gāotiě　⇒高速鉄道　　練13

高中 gāozhōng　⇒（"高级中学" の略）高校　　会13

高中生 gāozhōngshēng　⇒高校生　　練1

个 ge　⇒（広く個体を数える）～個　　会5

歌 gē　⇒歌　　発5

哥哥 gēge　⇒兄　　発練、会5

给 gěi　⇒～に　　会11

给 gěi　⇒あげる　　文14

跟 gēn　⇒～と　　会8

更 gèng　⇒さらに　　会10

公交车 gōngjiāochē　⇒バス　　練13

公斤 gōngjīn　⇒（重さの単位）キログラム　　練10

公里 gōnglǐ　⇒（距離の単位）キロメートル　　文11

公司 gōngsī　⇒会社　　会5

公司职员 gōngsī zhíyuán　⇒会社員　　練5

公园 gōngyuán　⇒公園　　発7、練12

工作 gōngzuò　⇒仕事　　会5

狗 gǒu　⇒犬　　発6、文6

广 guǎng　⇒広い　　発7

故宫 Gùgōng　⇒故宮　　練8

贵 guì　⇒（価格が）高い　　発6、文9

过 guò　⇒過ごす　　会14

过 guo　⇒～したことがある　　会13

H

还 hái　⇒さらに　　会6

还 hái　⇒まだ　　会8

还可以 hái kěyǐ　⇒まあまあ　　教室

还是 háishi　⇒それとも　　会9

95

韩国 Hánguó	⇒韓国	文2
汉语 Hànyǔ	⇒中国語	練3
号 hào	⇒〜日	発6、会7
好 hǎo	⇒良い、分かりました	発6、会3
〜号楼 hào lóu	⇒〜号館	会4
好吃 hǎochī	⇒美味しい	会9
和 hé	⇒〜と	会3
喝 hē	⇒飲む	発5、文3
黑板 hēibǎn	⇒黒板	文4
很 hěn	⇒とても	教室、会9
红茶 hóngchá	⇒紅茶	文4
后 hòu	⇒後ろ	文4
后天 hòutiān	⇒あさって	文7
画 huà	⇒描く	発6、練14
换 huàn	⇒交換する	会8
黄河 Huánghé	⇒(中国の川)黄河	文10
黄山 Huángshān	⇒(中国の山)黄山	文10
欢迎光临 huānyíng guānglín		
⇒いらっしゃいませ		会6
滑雪 huáxuě	⇒スキーをする	練11
回 huí	⇒帰る	会8
会 huì	⇒〜できる	会11
回锅肉 huíguōròu	⇒ホイコーロ	練9
回家 huí jiā	⇒帰宅する	練7
火车 huǒchē	⇒列車	会13

J

几 jǐ	⇒いくつ	会6、文5
鸡 jī	⇒ニワトリ	発5
家 jiā	⇒家	発6、文4
件 jiàn	⇒(服を数える)〜枚	会6
件 jiàn	⇒(プレゼントを数える)〜個	会14
见 jiàn	⇒会う	会7
教 jiāo	⇒教える	会11
叫 jiào	⇒(名を〜)と言う	表現、会1
教室 jiàoshì	⇒教室	文4
教学楼 jiàoxuélóu	⇒教室棟	練4
饺子 jiǎozi	⇒ギョーザ	文8
家庭主妇 jiātíng zhǔfù	⇒専業主婦	練5
机场 jīchǎng	⇒空港	発7
姐姐 jiějie	⇒姉	発練、文5
斤 jīn	⇒(中国の重さの単位)斤(1斤=500グラム)	練10
京华大学 Jīnghuá Dàxué	⇒京華大学	会1

今年 jīnnián	⇒今年	会5
今天 jīntiān	⇒今日	会10、文7
九 jiǔ	⇒9	発練

K

卡 kǎ	⇒カード	発5
咖啡 kāfēi	⇒コーヒー	練3
开车 kāichē	⇒運転する	練13
开始 kāishǐ	⇒始める	教室
开心 kāixīn	⇒楽しい	会14
看 kàn	⇒見る	会7、練3
考 kǎo	⇒試験する、受験する	発6
课 kè	⇒授業	文12
课本 kèběn	⇒教科書	会3、練2
可乐 kělè	⇒コーラ	練9
空儿 kòngr	⇒ひま	会7
快 kuài	⇒速い	発6、練14
块 kuài	⇒(通貨の単位)〜元	会6
筷子 kuàizi	⇒お箸	文6
困 kùn	⇒眠い	発7
裤子 kùzi	⇒ズボン	文6

L

辣 là	⇒辛い	発5、会9
老家 lǎojiā	⇒故郷	会10
姥姥 lǎolao	⇒(母方の)おばあさん	発練
老师 lǎoshī	⇒先生	表現、練1
姥爷 lǎoye	⇒(母方の)おじいさん	発練
了 le	⇒〜した	会8
离 lí	⇒〜から	会12
里 lǐ	⇒中	文4
脸 liǎn	⇒顔	発7
恋爱 liàn'ài	⇒恋愛する	発9
两 liǎng	⇒2	発7、会5
零 líng	⇒0	発練
铃木 Língmù	⇒(人名)鈴木	会1
铃木美香 Língmù Měixiāng		
⇒(人名)鈴木美香		会1
六 liù	⇒6	発6
流利 liúlì	⇒流ちょうである	練14
留学生 liúxuéshēng	⇒留学生	文1
礼物 lǐwù	⇒プレゼント	会14
路 lù	⇒道	会12、文6

路人 lùrén ⇒通行人　会12
旅游 lǚyóu ⇒旅行する　練11

M

吗 ma ⇒～か　会1
妈 mā ⇒お母さん　発1
麻 má ⇒麻、しびれる　発1
马 mǎ ⇒馬　発1
骂 mà ⇒ののしる　発1
买 mǎi ⇒買う　会3
妈妈 māma ⇒お母さん　発2、練5
猫 māo ⇒猫　発6、文6
毛衣 máoyī ⇒セーター　練6
麻婆豆腐 mápó dòufu
　⇒(料理名)マーボー豆腐　発練、会9
没 méi ⇒～でない　発6、文6
没(有) méi(yǒu)
　⇒～していない、～しなかった　発6、会8
美发师 měifàshī ⇒美容師　練5
没关系 méi guānxi ⇒大丈夫である　表現
妹妹 mèimei ⇒妹　発練、会5
没想到 méi xiǎngdào
　⇒～とは思わなかった、思いのほか　会10
每天 měi tiān ⇒毎日　文12
门 mén ⇒門　発7
门口 ménkǒu ⇒入口　会8
明天 míngtiān ⇒あした　文7
名字 míngzi ⇒名前　表現

N

拿 ná ⇒持つ　発5
哪 nǎ ⇒どれ　文2
那 nà ⇒あれ　文2
那 nà ⇒それじゃあ　会7
那个 nàge/nèige ⇒あれ　文2
哪个 nǎge/něige ⇒どれ　文2
奶奶 nǎinai ⇒(父方の)おばあさん　発練
哪里 nǎli ⇒どこ　文3
那里 nàli ⇒あそこ　文3
哪里哪里 nǎli nǎli ⇒とんでもない　文14
那么 nàme ⇒そんなに　文10
哪儿 nǎr ⇒どこ　発8、会3
那儿 nàr ⇒あそこ　会13、文3

哪些 nǎxiē/něixiē ⇒どれら　文2
那些 nàxiē/nèixiē ⇒あれら　文2
呢 ne ⇒～は？　会9
呢 ne ⇒進行・持続のニュアンスを表す　会14
那个 nèige ⇒あれ　会2
那些 nèixiē ⇒あれら　会2
能 néng ⇒～できる　会11
你 nǐ ⇒あなた　会1
你好 nǐ hǎo ⇒こんにちは　発9、会1
年 nián ⇒～年　発9
年轻 niánqīng ⇒(年齢が)若い　練10
你们 nǐmen ⇒あなたたち　文1
您 nín ⇒(丁寧な言い方)あなた　会1
牛 niú ⇒牛　発6
牛奶 niúnǎi ⇒牛乳　発6
牛仔裤 niúzǎikù ⇒ジーンズ　会6

P

爬 pá ⇒登る　発5
怕 pà ⇒怖がる　発5
旁边 pángbiān ⇒そば、となり　会4
跑 pǎo ⇒走る　文11
朋友 péngyou ⇒友人　文8
便宜 piányi ⇒(価格が)安い　文9
票 piào ⇒チケット　発6
啤酒 píjiǔ ⇒ビール　文5
苹果 píngguǒ ⇒リンゴ　文6
乒乓球 pīngpāngqiú ⇒卓球　発練、練11

Q

七 qī ⇒7　発5
骑 qí ⇒(自転車などに)乗る　発5、文8
起 qǐ ⇒起きる　練14
千 qiān ⇒千　発9
前 qián ⇒前　文4
钱 qián ⇒お金　会6
钱包 qiánbāo ⇒財布　文1
铅笔 qiānbǐ ⇒鉛筆　文2
墙 qiáng ⇒壁　発7
前天 qiántiān ⇒おととい　文7
起床 qǐchuáng ⇒起床する　練7
请 qǐng ⇒～してください　教室、文9

97

请多关照 qǐng duō guānzhào
　⇒どうぞよろしくお願いします　　　　　会1
青椒肉丝 qīngjiāo ròusī　⇒チンジャオロース　　練9
请问 qǐngwèn　⇒お尋ねします、すみません　　会12
旗袍 qípáo　⇒チャイナドレス　　　　　　　　練6
去 qù　⇒行く　　　　　　　　　　　　発9、会3
却 què　⇒かえって　　　　　　　　　　　　発6
去年 qùnián 去年　　　　　　　　　　　　　会10
裙子 qúnzi　⇒スカート　　　　　　　　　　練6

R

热 rè　⇒暑い　　　　　　　　　発5、会10、文9
人 rén　⇒人　　　　　　　　　　　　発7、文5
认识 rènshi　⇒知り合う　　　　　　　　　文13
日 rì　⇒日　　　　　　　　　　　　　　　発5
日本 Rìběn　⇒日本　　　　　　　　　発9、文2
日本人 Rìběnrén　⇒日本人　　　　　　　　発9
日语 Rìyǔ　⇒日本語　　　　　　　　　　　練3

S

三 sān　⇒3　　　　　　　　　　　　　　発練
伞 sǎn　⇒傘　　　　　　　　　　　　　　文6
上 shàng　⇒上　　　　　　　　　　　　　文4
上个星期 shàng ge xīngqī　⇒先週　　　　　文7
上个月 shàng ge yuè　⇒先月　　　　　　　文7
商店 shāngdiàn　⇒お店　　　　　　　　　練3
上海 Shànghǎi　⇒上海　　　　　　　　　　会5
上海人 Shànghǎirén　⇒上海出身　　　　　　文1
上课 shàngkè　⇒授業を受ける　　　　教室、練7
上衣 shàngyī　⇒上着　　　　　　　　　　練6
稍 shāo　⇒少し　　　　　　　　　　　　　文9
谁 shéi　⇒誰　　　　　　　発6、会2、文1
生日 shēngrì　⇒誕生日　　　　　　　　　会14
生日快乐 shēngrì kuàilè
　⇒お誕生日おめでとう　　　　　　　　会14
什么 shénme　⇒なに　　　　表現、会3、文2
什么时候 shénme shíhou　⇒いつ　　　　　会13
诗 shī　⇒詩　　　　　　　　　　　　　　発5
十 shí　⇒10　　　　　　　　　　　　　発練
事 shì　⇒こと、用事　　　　　　　会11、文6
是 shì　⇒～です　　　　　　　　　　　　会1
时候 shíhou　⇒～の時　　　　　　　　　会13
时间 shíjiān　⇒時間　　　　　　　　　　文11

食堂 shítáng　⇒食堂　　　　　　　　　　会4
手表 shǒubiǎo　⇒腕時計　　　　　　　　　練2
手机 shǒujī　⇒携帯電話　　　　　　　　　文1
书 shū　⇒本　　　　　　　　　　　会3、文2
帅 shuài　⇒かっこいい　　　　　　　　　発6
双 shuāng　⇒（ペアのものを数える）　　　文6
书店 shūdiàn　⇒本屋　　　　　　　　　　会3
水果 shuǐguǒ　⇒果物　　　　　　　　　　発8
水饺 shuǐjiǎo　⇒水餃子　　　　　　　　　練9
睡觉 shuìjiào　⇒寝る　　　　　　　　発6、練7
说 shuō　⇒話す　　　　　　　　　発6、会11
四 sì　⇒4　　　　　　　　　　　　　　発練
寺 sì　⇒寺　　　　　　　　　　　　　　発5
四川 Sìchuān　⇒四川　　　　　　　　　会13
四川菜 sìchuāncài　⇒四川料理　　　　　　会9
司机 sījī　⇒運転手　　　　　　　　　　　会2
送 sòng　⇒贈る、プレゼントする　　発7、会14
岁 suì　⇒～歳　　　　　　　　　　　　　会5
宿舍 sùshè　⇒宿舎　　　　　　　　　　　会8

T

他 tā　⇒彼　　　　　　　　　　　会5、文1
她 tā　⇒彼女　　　　　　　　　　　　　文1
塔 tǎ　⇒塔　　　　　　　　　　　　　　発5
泰山 Tàishān　⇒（中国の山）泰山　　　　　文10
他们 tāmen　⇒彼ら　　　　　　　　　　　文1
她们 tāmen　⇒彼女ら　　　　　　　　　　文1
弹 tán　⇒（楽器を）弾く　　　　　　　　練11
汤 tāng　⇒スープ　　　　　　　　発7、練9
疼 téng　⇒痛い　　　　　　　　　　　　発7
踢 tī　⇒蹴る　　　　　　　　　　　　　練11
甜 tián　⇒甘い　　　　　　　　　　　　発7
天 tiān　⇒（日数を数える）日　　　　　　文12
天安门 Tiān'ānmén　⇒天安門　　　　発9、練8
条 tiáo　⇒（細長い物を数える）～本　　　会6
听 tīng　⇒聞く　　　　　　　　　　　　練11
听说 tīngshuō
　⇒聞くところによると～だそうだ　　　会13
同学 tóngxué　⇒クラスメート　　　　表現、文2
图书馆 túshūguǎn　⇒図書館　　　　　　　文4
T恤衫 Txùshān　⇒Tシャツ　　　　　　　会6

W

外 wài	⇒外		文4
万 wàn	⇒万		発9
晚饭 wǎnfàn	⇒夕食		練3
忘 wàng	⇒忘れる		会14
玩儿 wánr	⇒遊ぶ		練11、文14
围巾 wéijīn	⇒マフラー		練6
我 wǒ	⇒私		発練、会1
我们 wǒmen	⇒私たち		会3、文1
五 wǔ	⇒5		発練
午饭 wǔfàn	⇒昼食		練7
乌龙茶 wūlóngchá	⇒ウーロン茶		発練

X

西安 Xī'ān	⇒西安		発9
下 xià	⇒下りる		発6
下 xià	⇒下		文4
下个 xià ge	⇒次の		会7
下个星期 xià ge xīngqī	⇒来週		文7
下个月 xià ge yuè	⇒来月		文7
下课 xiàkè	⇒授業が終わる		練7
先 xiān	⇒まず、先に		会8
想 xiǎng	⇒～したい		会7
香蕉 xiāngjiāo	⇒バナナ		練10
箱子 xiāngzi	⇒スーツケース		会2
羡慕 xiànmù	⇒うらやましく思う		会13
先生 xiānsheng	⇒（男性の名前の後ろにつけて）～さん		表現、文4
现在 xiànzài	⇒今		教室、会4
小 xiǎo	⇒小さい、年齢が下である		発6
小 xiǎo	⇒（一字姓の前につけて）～君、さん		表現
小姐 xiǎojiě	⇒（若い女性に対して）～さん		表現、会1
小笼包 xiǎolóngbāo	⇒ショウロンポー		発練、会8
小时 xiǎoshí	⇒～時間		文12
夏天 xiàtiān	⇒夏		会10
下午 xiàwǔ	⇒午後		会7
鞋 xié	⇒靴		発6、文6
写 xiě	⇒書く		発6
谢谢 xièxie	⇒ありがとう		表現、会14
喜欢 xǐhuan	⇒～が好き		会9
姓 xìng	⇒（名字は）～と申します		表現
行李 xíngli	⇒荷物		練10

星期二 xīngqī'èr	⇒火曜日		文7
星期六 xīngqīliù	⇒土曜日		会7
星期三 xīngqīsān	⇒水曜日		文7
星期四 xīngqīsì	⇒木曜日		文7
星期天 xīngqītiān	⇒日曜日		文7
星期五 xīngqīwǔ	⇒金曜日		文7
星期一 xīngqīyī	⇒月曜日		文7
熊 xióng	⇒熊		発7
兄弟姐妹 xiōngdì jiěmèi	⇒兄弟		会5
熊猫 xióngmāo	⇒パンダ		発7
休息 xiūxi	⇒休憩する		文11
洗澡 xǐzǎo	⇒お風呂に入る		練7
嘘 xū	⇒シーッ		発5
选 xuǎn	⇒選ぶ		発7
学 xué	⇒勉強する		発6
学生 xuésheng	⇒学生		会1
学生食堂 xuéshēng shítáng	⇒学生食堂		練4
学习 xuéxí	⇒勉強する		練3
学校 xuéxiào	⇒学校		会8、練3

Y

眼镜 yǎnjìng	⇒メガネ		発7
要 yào	⇒欲しい		会6
要 yào	⇒～したい		文7
要 yào	⇒要する、かかる		会12
页 yè	⇒ページ		教室
也 yě	⇒も		会2
爷爷 yéye	⇒［父方の］おじいさん		発2、練5
一 yī	⇒1		発練
一点儿 yìdiǎnr	⇒少し		発8、文10
一定 yídìng	⇒必ず、きっと		文7
衣服 yīfu	⇒服		文6、会8
一共 yígòng	⇒全部で		会6
一会儿 yíhuìr	⇒ほんのしばらく		発8、会8
英语 Yīngyǔ	⇒英語		文11
银行 yínháng	⇒銀行		練12
饮料 yǐnliào	⇒飲み物		練3
音乐 yīnyuè	⇒音楽		文11
一起 yìqǐ	⇒いっしょに		会3
以前 yǐqián	⇒以前		文13
医生 yīshēng	⇒医者		練5
一样 yíyàng	⇒同じである		会10
椅子 yǐzi	⇒イス		文6

99

有 yǒu ⇒ある		会5
右 yòu ⇒右		文4
有点儿 yǒudiǎnr ⇒少し		会9
邮局 yóujú ⇒郵便局		文4
邮票 yóupiào ⇒切手		発6
游戏 yóuxì ⇒ゲーム		文14
游泳 yóuyǒng ⇒泳ぐ		練11
元 yuán ⇒(通貨の単位)元		練10
远 yuǎn ⇒遠い		会12
圆珠笔 yuánzhūbǐ ⇒ボールペン		練2
月 yuè ⇒~月、か月		発6、文7
羽毛球 yǔmáoqiú ⇒バドミントン		会11
运动鞋 yùndòngxié ⇒運動靴		練6
鱼香肉丝 yúxiāng ròusī		
⇒(料理名)ユーシャンロウスー		会9

Z

在 zài ⇒~にある、いる		会4
在 zài ⇒~で		会8
再见 zàijiàn ⇒さようなら		表現
咱们 zánmen ⇒(聞き手を含めて)私たち		会9、文1
早 zǎo ⇒(時間的に)早い		練14
早饭 zǎofàn ⇒朝食		練3
杂志 zázhì ⇒雑誌		文6
怎么 zěnme ⇒どうやって、どのように		会12
怎么了 zěnme le ⇒どうしたの		会7
怎么样 zěnmeyàng ⇒どうですか		会8
张 zhāng ⇒(平面が目立つものを数える)~枚		文6
张明 Zhāng Míng ⇒(人名)張明		会1
照片 zhàopiàn ⇒写真		文6
照相 zhàoxiàng ⇒写真を撮る		練11
这 zhè ⇒これ		会2
这个 zhège/zhèige ⇒これ		会11、文2
这个星期 zhèige xīngqī ⇒今週		文7
这个月 zhèige yuè ⇒今月		文7
这里 zhèli ⇒ここ		文3
这么 zhème ⇒こんなに		会10
真 zhēn ⇒本当に		会10、文9
正门 zhèngmén ⇒正門		練4
珍珠奶茶 zhēnzhū nǎichá		
⇒タピオカミルクティー		発練、文7
这儿 zhèr ⇒ここ		会9、文3
这些 zhèxiē/zhèixiē ⇒これら		文2

这样 zhèyàng ⇒このように		文12
只 zhī ⇒(小動物を数える)		文6
纸 zhǐ ⇒紙		発5
智能手机 zhìnéng shǒujī ⇒スマートフォン		発練
职员 zhíyuán ⇒職員		会5
中国 Zhōngguó ⇒中国		文1
中国人 Zhōngguórén ⇒中国人		文1
粥 zhōu ⇒粥		発6
周末 zhōumò ⇒週末		会11
猪 zhū ⇒ブタ		発5
抓 zhuā ⇒つかむ		発6
专 zhuān ⇒もっぱら		発7
桌子 zhuōzi ⇒机		文6
字 zì ⇒字		発5
自行车 zìxíngchē ⇒自転車		発練、文8
走 zǒu ⇒歩く、行く		発6、会12
嘴 zuǐ ⇒口		発6
最 zuì ⇒最も		文9
左 zuǒ ⇒左		文4
坐 zuò ⇒乗る、(交通手段)~で		会12
做 zuò ⇒する		会5
做 zuò ⇒作る		練11
昨天 zuótiān ⇒きのう		文7
作业 zuòyè ⇒宿題		文14
足球 zúqiú ⇒サッカー		練11

単語索引［日本語］

数字は課を表し、数字の前の漢字はそれぞれ「発」＝発音、「発練」＝発展練習、「教室」＝教室用語、「会」＝会話、「文」＝文法ポイント、「練習」＝文法練習・リスニングを表します。発音編の「発・発練・教室」はそれぞれの初出箇所を掲載しています。本編はまず「会」の初出箇所を掲載し、「会」に掲載されていないものは、「文・練」の初出個所を掲載しました。

あ

会う	见	jiàn	会7
開ける	打开	dǎkāi	教室
あげる	给	gěi	文14
麻	麻	má	発1
あさって	后天	hòutiān	文7
あした	明天	míngtiān	文7
味わう	尝	cháng	文11
あそこ	那里	nàli	文3
あそこ	那儿	nàr	会13、文3
遊ぶ	玩儿	wánr	練11、文14
あっ	哎哟	āiyō	会14
暑い	热	rè	発5、会10、文9
あなた	你	nǐ	会1
（丁寧な言い方）あなた			
	您	nín	会1
あなたたち	你们	nǐmen	文1
姉	姐姐	jiějie	発練、文5
甘い	甜	tián	発7
～あまり	多	duō	発6、練14
あまり～ない	不太	bútài	文9、会12
ありがとう	谢谢	xièxie	表現、会14
ある	有	yǒu	会5
歩く	走	zǒu	発6、会12
アルバイトする	打工	dǎgōng	練7
あれ	那	nà	文2
あれ	那个	nàge/nèige	会2
あれら	那些	nàxiē/nèixiē	文2
あれら	那些	nèixiē	会2

い

言う	告诉	gàosu	文14
（名を～）と言う	叫	jiào	表現、会1
家	家	jiā	発6、文4
行く	去	qù	発9、会3
行く	走	zǒu	発6、会12
いくつ	几	jǐ	会6、文5

いくらですか	多少钱	duōshao qián	会6
医者	医生	yīshēng	練5
イス	椅子	yǐzi	文6
以前	以前	yǐqián	文13
痛い	疼	téng	発7
1	一	yī	発練
イチゴ	草莓	cǎoméi	発6
いつ	什么时候	shénme shíhou	会13
いっしょに	一起	yìqǐ	会3
犬	狗	gǒu	発6、文6
今	现在	xiànzài	教室、会4
妹	妹妹	mèimei	発練、会5
いらっしゃいませ			
	欢迎光临	huānyíng guānglín	会6
入口	门口	ménkǒu	会8
～いる	在	zài	会4

う

ウーロン茶	乌龙茶	wūlóngchá	発練
上	上	shàng	文4
後ろ	后	hòu	文4
牛	牛	niú	発6
歌	歌	gē	発5
歌う	唱	chàng	発7、文14
腕時計	手表	shǒubiǎo	練2
馬	马	mǎ	発1
うらやましく思う			
	羡慕	xiànmù	会13
上着	上衣	shàngyī	練6
運転手	司机	sījī	会2
運転する	开车	kāichē	練13
運動靴	运动鞋	yùndòngxié	練6

え

映画	电影	diànyǐng	会7、文1
映画館	电影院	diànyǐngyuàn	練8
英語	英语	Yīngyǔ	文11

101

描く	画	huà	発6、練14
駅	车站	chēzhàn	練8
選ぶ	选	xuǎn	発7
鉛筆	铅笔	qiānbǐ	文2

お

美味しい	好吃	hǎochī	会9
多い	多	duō	発6、練14
大きい	大	dà	発5、会5
お母さん	妈妈	māma	発2、練5
おかず	菜	cài	発6、会9、文3
お金	钱	qián	会6
起床する	起床	qǐchuáng	練7
起きる	起	qǐ	練14
贈る	送	sòng	発7、会14
(父方の) おじいさん	爷爷	yéye	発2、練5
(母方の) おじいさん	姥爷	lǎoye	発練
教える	教	jiāo	会11
お酢	醋	cù	発5
お尋ねします	请问	qǐngwèn	会12
お誕生日おめでとう	生日快乐	shēngrì kuàilè	会14
お茶	茶	chá	文3
お父さん	爸爸	bàba	発2、文1
弟	弟弟	dìdi	発練、文5
おとといい	前天	qiántiān	文7
同じである	一样	yíyàng	会10
お兄さん	哥哥	gēge	発練、会5
(父方の) おばあさん	奶奶	nǎinai	発練
(母方の) おばあさん	姥姥	lǎolao	発練
お箸	筷子	kuàizi	文6
お風呂に入る	洗澡	xǐzǎo	練7
お店	商店	shāngdiàn	練3
思いのほか	没想到	méi xiǎngdào	会10
おやつ	点心	diǎnxin	発7
泳ぐ	游泳	yóuyǒng	練11
下りる	下	xià	発6
音楽	音乐	yīnyuè	文11

か

～か	吗	ma	会1
カード	卡	kǎ	発5
～回	次	cì	会13
会社	公司	gōngsī	会5
会社員	公司职员	gōngsī zhíyuán	練5
買う	买	mǎi	会3
かえって	却	què	発6
帰る	回	huí	会8
顔	脸	liǎn	発7
かかる	要	yào	会12
書く	写	xiě	発6
学生	学生	xuésheng	会1
学生食堂	学生食堂	xuéshēng shítáng	練4
かける	打	dǎ	会11
傘	伞	sǎn	文6
～月	月	yuè	発6、文7
かっこいい	帅	shuài	発6
学校	学校	xuéxiào	会8、練3
必ず	一定	yídìng	文7
彼女	她	tā	文1
彼女ら	她们	tāmen	文1
カバン	包	bāo	練2
壁	墙	qiáng	発7
紙	纸	zhǐ	発5
粥	粥	zhōu	発6
火曜日	星期二	xīngqī'èr	文7
～から	从	cóng	会12
～から	离	lí	会12
辛い	辣	là	発5、会9
彼	他	tā	会5、文1
彼ら	他们	tāmen	文1
韓国	韩国	Hánguó	文2
感嘆・感心を表す	啊	à	会14

き

聞く	听	tīng	練11
聞くところによると～だそうだ	听说	tīngshuō	会13
帰宅する	回家	huí jiā	練7
切手	邮票	yóupiào	発6
きっと	一定	yídìng	文7

きのう	昨天	zuótiān	文7
9	九	jiǔ	発練
休憩する	休息	xiūxi	文11
牛乳	牛奶	niúnǎi	発6
今日	今天	jīntiān	会10、文7
教科書	课本	kèběn	会3、練2
京華大学	京华大学	Jīnghuá Dàxué	会1
教室	教室	jiàoshì	文4
教室棟	教学楼	jiàoxuélóu	練4
兄弟	兄弟姐妹	xiōngdì jiěmèi	会5
興味を感じる	感兴趣	gǎn xìngqù	会11
ギョーザ	饺子	jiǎozi	文8
去年	去年	qùnián	会10
(重さの単位)キログラム			
	公斤	gōngjīn	練10
(距離の単位)キロメートル			
	公里	gōnglǐ	文11
(中国の重さの単位)斤(1斤 = 500グラム)			
	斤	jīn	練10
銀行	银行	yínháng	練12
金曜日	星期五	xīngqīwǔ	文7

く

空港	机场	jīchǎng	発7
果物	水果	shuǐguǒ	発8
口	嘴	zuǐ	発6
靴	鞋	xié	発6、文6
熊	熊	xióng	発7
グラウンド	操场	cāochǎng	練4
クラスメート	同学	tóngxué	表現、文2
(一字姓の前につけて)~君			
	小	xiǎo	表現

け

携帯電話	手机	shǒujī	文1
ゲーム	游戏	yóuxì	文14
月曜日	星期一	xīngqīyī	文7
蹴る	踢	tī	練11
(通貨の単位)~元			
	块	kuài	会6

こ

(広く個体を数える)~個			
	个	ge	会5
(プレゼントを数える)~個			
	件	jiàn	会14
5	五	wǔ	発練
公園	公园	gōngyuán	発7、練12
(中国の川)黄河			
	黄河	Huánghé	文10
~号館	~号楼	hào lóu	会4
交換する	换	huàn	会8
高校	高中	gāozhōng	会13
高校生	高中生	gāozhōngshēng	練1
(中国の山)黄山			
	黄山	Huángshān	文10
高速鉄道	高铁	gāotiě	練13
紅茶	红茶	hóngchá	文4
コート	大衣	dàyī	練6
コーヒー	咖啡	kāfēi	練3
コーラ	可乐	kělè	練9
故宮	故宫	Gùgōng	練8
故郷	老家	lǎojiā	会10
黒板	黑板	hēibǎn	文4
ここ	这里	zhèli	文3
ここ	这儿	zhèr	会9、文3
午後	下午	xiàwǔ	会7
後日	改天	gǎi tiān	会11
こと	事	shì	会11、文6
今年	今年	jīnnián	会5
このように	这样	zhèyàng	文12
ご飯	饭	fàn	会8
これ	这	zhè	会2
これ	这个	zhège/zhèige	会11、文2
これら	这些	zhèxiē/zhèixiē	文2
怖がる	怕	pà	発5
今月	这个月	zhèige yuè	文7
今週	这个星期	zhèige xīngqī	文7
こんなに	这么	zhème	会10
こんにちは	你好	nǐ hǎo	発9、会1
コンビニ	便利店	biànlìdiàn	会4

さ

| ~歳 | 岁 | suì | 会5 |

103

財布	钱包	qiánbāo	文1
先に	先	xiān	会8
(書籍類を数える)～冊			
	本	běn	文6
サッカー	足球	zúqiú	練11
雑誌	杂志	zázhì	文6
さようなら	再见	zàijiàn	表現
さらに	更	gèng	会10
さらに	还	hái	会6
3	三	sān	発練
(男性の名前の後ろにつけて)～さん			
	先生	xiānsheng	表現、文4
(一字姓の前につけて)～さん			
	小	xiǎo	表現
(若い女性に対して)～さん			
	小姐	xiǎojiě	表現、会1
30分	半	bàn	会7

し

詩	诗	shī	発5
～時	点	diǎn	会7
字	字	zì	発5
試合	比赛	bǐsài	会14
シーッ	嘘	xū	発5
ジーンズ	牛仔裤	niúzǎikù	会6
しかし	不过	búguò	会10
時間	时间	shíjiān	文11
～時間	小时	xiǎoshí	文12
試験する	考	kǎo	発6
仕事	工作	gōngzuò	会5
辞書	词典	cídiǎn	会3、練2
四川	四川	Sìchuān	会13
四川料理	四川菜	sìchuāncài	会9
下	下	xià	文4
～した	了	le	会8
～したい	想	xiǎng	会7
～したい	要	yào	文7
～したことがある			
	过	guo	会13
～していない	没(有)	méi(yǒu)	発6、会8
～してください	请	qǐng	教室、文9
自転車	自行车	zìxíngchē	発練、文8
～しなかった	没(有)	méi(yǒu)	発6、会8

しびれる	麻	má	発1
写真	照片	zhàopiàn	文6
写真を撮る	照相	zhàoxiàng	練11
シャツ	衬衫	chènshān	練6
上海	上海	Shànghǎi	会5
上海出身	上海人	Shànghǎirén	文1
10	十	shí	発練
重慶	重庆	Chóngqìng	会10
週末	周末	zhōumò	会11
授業	课	kè	文12
授業が終わる	下课	xiàkè	練7
授業を受ける	上课	shàngkè	教室、練7
宿舎	宿舍	sùshè	会8
宿題	作业	zuòyè	文14
受験する	考	kǎo	発6
出席をとる	点名	diǎnmíng	教室
～しよう	吧	ba	会3
大学生	大学生	dàxuéshēng	練1
ショウロンポー	小笼包	xiǎolóngbāo	発練、会8
職員	职员	zhíyuán	会5
食事	餐	cān	発7
食堂	食堂	shítáng	会4
知り合う	认识	rènshi	文13

す

進行・持続のニュアンスを表す			
	呢	ne	会14
新聞	报	bào	練3
水餃子	水饺	shuǐjiǎo	練9
水曜日	星期三	xīngqīsān	文7
スーツケース	箱子	xiāngzi	会2
スーパー	超市	chāoshì	文8
スープ	汤	tāng	発7、練9
スカート	裙子	qúnzi	練6
～好き	喜欢	xǐhuan	会9
スキーをする	滑雪	huáxuě	練11
少し	稍	shāo	文9
少し	一点儿	yìdiǎnr	発8、文10
少し	有点儿	yǒudiǎnr	会9
過ごす	过	guò	会14
(人名)鈴木	铃木	Língmù	会1
(人名)鈴木美香			
	铃木美香	Língmù Měixiāng	会1

ずっと～	多了	duō le		会10
すばらしい	棒	bàng		文14
ズボン	裤子	kùzi		文6
スマートフォン	智能手机	zhìnéng shǒujī		発練
すみません	不好意思	bù hǎo yìsi		会11
すみません	对不起	búbuqǐ		表現
すみません	请问	qǐngwèn		会12
(球技等を)する				
	打	dǎ		会11
する	干	gàn		会14
する	做	zuò		会5
～するな	别	bié		発6

せ

西安	西安	Xī'ān		発9
正門	正门	zhèngmén		練4
セーター	毛衣	máoyī		練6
0	零	líng		発練
千	千	qiān		発9
専業主婦	家庭主妇	jiātíng zhǔfù		練5
先月	上个月	shàng ge yuè		文7
先週	上个星期	shàng ge xīngqī		文7
先生	老师	lǎoshī	表現、練1
全部で	一共	yígòng		会6

そ

外	外	wài		文4
その通りである	对	duì	発6、会1
そば	旁边	pángbiān		会4
それじゃあ	那	nà		会7
それとも	还是	háishi		会9
そんなに	那么	nàme		文10

た

第～	第	dì		発9
大学	大学	dàxué		文1
(中国の山)泰山	泰山	Tàishān		文10
大して違わない	差不多	chàbuduō		会10
大丈夫である	没关系	méi guānxi		表現
高い	高	gāo		文10
(価格が)高い	贵	guì	発6、文9

タクシーに乗る	打的	dǎdī		練13
卓球	乒乓球	pīngpāngqiú	発練、練11
楽しい	开心	kāixīn		会14
タピオカミルクティー				
	珍珠奶茶	zhēnzhū nǎichá	発練、文7
食べる	吃	chī	発5、会8、練3
誰	谁	shéi	発6、会2、文1
誕生日	生日	shēngrì		会14

ち

小さい	小	xiǎo		発6
地下鉄	地铁	dìtiě	会12、文8
地下鉄の駅	地铁站	dìtiězhàn		会12
チケット	票	piào		発6
チャーハン	炒饭	chǎofàn		練9
チャイナドレス	旗袍	qípáo		練6
中国	中国	Zhōngguó		文1
中国語	汉语	Hànyǔ		練3
中国人	中国人	Zhōngguórén		文1
昼食	午饭	wǔfàn		練7
注文する	点	diǎn		文3
(中国の川)長江	长江	Chángjiāng		会10
朝食	早饭	zǎofàn		練3
チンジャオロース				
	青椒肉丝	qīngjiāo ròusī		練9

つ

通行人	路人	lùrén		会12
つかむ	抓	zhuā		発6
次の	下个	xià ge		会7
机	桌子	zhuōzi		文6
作る	做	zuò		練11
告げる	告诉	gàosu		文14

て

～で	在	zài		会8
(交通手段)～で				
	坐	zuò		会12
Tシャツ	T恤衫	Txùshān		会6
～できる	会	huì		会11
～できる	能	néng		会11

105

～です	是	shì	会1
～でない	没	méi	発6
寺	寺	sì	発5
出る	出	chū	発5
テレビ	电视	diànshì	会14、練3
天安門	天安门	Tiān'ānmén	発9、練8
点呼する	点名	diǎnmíng	教室
電子辞書	电子词典	diànzǐ cídiǎn	文5
店員	服务员	fúwùyuán	会6
電話	电话	diànhuà	会11

と

～と	跟	gēn	会8
～と	和	hé	会3
塔	塔	tǎ	発5
どういたしまして	不客气	bú kèqi	表現
どういたしまして	不谢	bú xiè	表現
東京	东京	Dōngjīng	会10
どうしたの	怎么了	zěnme le	会7
どうぞよろしくお願いします	请多关照	qǐng duō guānzhào	会1
どうですか	怎么样	zěnmeyàng	会8
どうやって	怎么	zěnme	会12
遠い	远	yuǎn	会12
どこ	哪里	nǎli	文3
どこ	哪儿	nǎr	発8、会3
図書館	图书馆	túshūguǎn	文4
(取っ手のあるものを数える)	把	bǎ	文6
とても	很	hěn	教室、会9
となり	旁边	pángbiān	会4
どのように	怎么	zěnme	会12
～とは思わなかった	没想到	méi xiǎngdào	会10
(名字は)～と申します	姓	xìng	表現
土曜日	星期六	xīngqīliù	会7
どれ	哪	nǎ	文2
どれ	哪个	nǎge/něige	文2
どれくらい	多少	duōshao	会6
どれくらい～	多	duō	会5

どれくらいの時間	多长时间	duō cháng shíjiān	会12
どれら	哪些	nǎxiē/něixiē	文2
とんでもない	哪里哪里	nǎli nǎli	文14

な

～ない	不	bù	会2
中	里	lǐ	文4
長い	长	cháng	会10
夏	夏天	xiàtiān	会10
7	七	qī	発5
なに	什么	shénme	表現、会3、文2
名前	名字	míngzi	表現

に

2	二	èr	発4
2	两	liǎng	発7、会5
～に	给	gěi	会11
～にある	在	zài	会4
～に対して	对	duì	会11
～日	号	hào	発6、会7
(日数を数える)日	天	tiān	文12
日曜日	星期天	xīngqītiān	文7
～について	对	duì	会11
日本	日本	Rìběn	発9、文2
日本語	日语	Rìyǔ	練3
日本人	日本人	Rìběnrén	発9
荷物	行李	xíngli	練10
ニワトリ	鸡	jī	発5

ね

猫	猫	māo	発6、文6
眠い	困	kùn	発7
寝る	睡觉	shuìjiào	発6、練7
～年	年	nián	発9
年齢が下である	小	xiǎo	発6

の

～の	的	de	会1
～の時	时候	shíhou	会13

ののしる	骂	mà	発1
登る	爬	pá	発5
飲み物	饮料	yǐnliào	練3
飲む	喝	hē	発5、文3
乗る	坐	zuò	会12
(自転車などに)乗る			
	骑	qí	発5、文8

は

～は?	呢	ne	会9
(点呼に答えて)はい			
	到	dào	教室
始める	开始	kāishǐ	教室
走る	跑	pǎo	文11
バス	公交车	gōngjiāochē	練13
8	八	bā	発練
バトミントン	羽毛球	yǔmáoqiú	会11
話す	说	shuō	発6、文11
バナナ	香蕉	xiāngjiāo	練10
速い	快	kuài	発6、練14
(時間的に)早い	早	zǎo	練14
～半	半	bàn	会7
パンダ	熊猫	xióngmāo	発7
パンダ研究センター			
	大熊猫研究中心		
		Dàxióngmāo Yánjiū Zhōngxīn	会13

ひ

ピアノ	钢琴	gāngqín	練11
ビール	啤酒	píjiǔ	文5
(小動物を数える)～匹			
	只	zhī	文6
(楽器を)弾く	弹	tán	練11
飛行機	飞机	fēijī	会13、文12
非常に	非常	fēicháng	練14
左	左	zuǒ	文4
人	人	rén	発7、文5
ひま	空儿	kòngr	会7
百	百	bǎi	発6、会6
美容師	美发师	měifàshī	練5
広い	广	guǎng	発7
日を改める	改天	gǎi tiān	会11

ふ

福	福	fú	発5
服	衣服	yīfu	文6、会8
ブタ	猪	zhū	発5
船	船	chuán	発7、練13
プレゼント	礼物	lǐwù	会14
プレゼントする	送	sòng	発7、会14
～分間	分钟	fēnzhōng	会12

へ

(ペアのものを数える)			
	双	shuāng	文6
ページ	页	yè	教室
北京	北京	Běijīng	会10
北京駅	北京站	Běijīng zhàn	会12
北京出身	北京人	Běijīngrén	文1
北京大学	北京大学	Běijīng Dàxué	練8
北京ダック	北京烤鸭	Běijīng kǎoyā	
			発練、文13、練9
ベッド	床	chuáng	発7
部屋	房间	fángjiān	発7
ペン	笔	bǐ	発5
勉強する	学	xué	発6
勉強する	学习	xuéxí	練3

ほ

ホイコーロ	回锅肉	huíguōròu	練9
ボールペン	圆珠笔	yuánzhūbǐ	練2
欲しい	要	yào	会6
(細長い物を数える)～本			
	条	tiáo	会6
本当に	真	zhēn	会10、文9
本	书	shū	会3、文2
ほんのしばらく	一会儿	yíhuìr	発8、会8
本屋	书店	shūdiàn	会3

ま

(料理名)マーボー豆腐			
	麻婆豆腐	mápó dòufu	発練、会9
まあまあ	还可以	hái kěyǐ	教室
(服を数える)～枚			

	件	jiàn	会6
（平面が目立つものを数える）～枚			
	张	zhāng	文6
毎日	每天	měi tiān	文12
前	前	qián	文4
まず	先	xiān	会8
まだ	还	hái	会8
待つ	等	děng	会14、文9
～まで	到	dào	会12
マフラー	围巾	wéijīn	練6
万	万	wàn	発9

み

右	右	yòu	文4
道	路	lù	文6
皆	大家	dàjiā	会14
耳	耳 (＝耳朵)		
		ěr (ěrduo)	発4
見る	看	kàn	会7、練3

む

向かい	对面	duìmiàn	会4

め

メガネ	眼镜	yǎnjìng	発7
メニュー	菜单	càidān	文9

も

も	也	yě	会2
もうちょっとで	差点儿	chàdiǎnr	会14
木曜日	星期四	xīngqīsì	文7
持つ	拿	ná	発5
最も	最	zuì	文9
もっぱら	专	zhuān	発7
もの	东西	dōngxi	練3
門	门	mén	発7

や

野球	棒球	bàngqiú	練11
（価格が）安い	便宜	piányi	文9

ゆ

（料理名）ユーシャンロウスー			
	鱼香肉丝	yúxiāng ròusī	会9
夕食	晚饭	wǎnfàn	練3
友人	朋友	péngyou	文8
郵便局	邮局	yóujú	文4

よ

良い	好	hǎo	発6、会3
用事	事	shì	会11、文6
要する	要	yào	会12
よくない	不行	bùxíng	文14
予約する	订	dìng	発7
～より	比	bǐ	会10
4	四	sì	発練

ら

来月	下个月	xià ge yuè	文7
来週	下个星期	xià ge xīngqī	文7

り

留学生	留学生	liúxuéshēng	文1
流ちょうである	流利	liúlì	練14
料理	菜	cài	発6、会9、文3
料理人	厨师	chúshī	練5
旅行ガイド	导游	dǎoyóu	練5
旅行する	旅游	lǚyóu	練11
リンゴ	苹果	píngguǒ	文6

れ

冷蔵庫	冰箱	bīngxiāng	文4
列車	火车	huǒchē	会13
恋愛する	恋爱	liàn'ài	発9

ろ

6	六	liù	発6

わ

（年齢が）若い	年轻	niánqīng	練10
分かりました	好	hǎo	発6、会3

忘れる	忘	wàng		会14
私たち	我们	wǒmen		会3、文1
私	我	wǒ		発練、会1
(聞き手を含めて) 私たち				
	咱们	zánmen		会9、文1
分かりません	不知道	bù zhīdào		会2

著者

氷野 善寛　（目白大学中国語学科 講師）

伊藤 大輔　（目白大学中国語学科 講師）

工藤真理子　（目白大学中国語学科 准教授）

李 軼倫　（東京外国語大学ほか非常勤講師）

本文デザイン／小熊未央

表紙・イラスト／メディア・アート

音声吹込　李軼倫

　　　　　李　茜

スタートダッシュ中国語

検印 省略	© 2019 年 1 月 31 日　初　版　発行 2023 年 3 月 31 日　第 3 刷　発行

著　者　　　　　　　　　　　　氷野　善寛

　　　　　　　　　　　　　　　伊藤　大輔

　　　　　　　　　　　　　　　工藤真理子

　　　　　　　　　　　　　　　李　　軼倫

発行者　　　　　　　　　　　原　雅　久

発行所　　　　　　　　株式会社 朝 日 出 版 社

　　　　〒 101-0065　東京都千代田区西神田 3-3-5

　　　　　　　　　電話 (03) 3239-0271 (直通)

　　　　　　　　振替口座　東京 00140-2-46008

　　　　　　　　　　　　　欧友社／図書印刷

乱丁・落丁本はお取り替えいたします

本書の一部あるいは全部を無断で複写複製（撮影・デジタル化を含む）及び転載することは、法律上で認められた場合を除き、禁じられています

ISBN978-4-255-45316-3 C1087